小学校
道徳

授業力アップのための必須スキルを70本収録！

指導スキル大全

永田繁雄
編著

明治図書

はじめに

道徳の時間が「特別の教科」である道徳科として位置付けられて，その新たな展開が始まりました。今，まさに「考え，議論する」道徳授業，アクティブ・ラーニングを実現する授業へと，その「質的改善」による力強い歩みが日本中の各小学校でスタートしたのです。私たちは，この大きなチャンスをどのように生かすとよいのでしょうか。

まず必要なのは，授業に臨む私たち一人ひとりが，道徳科の新しい姿やその特質などについての的確な理解を深めることです。新しい道徳授業は私たち教師にどんな働きかけを求めているのかについて見通す必要があるからです。しかし，それだけでは，頭の中だけで発想を巡らせるだけで，「絵に描いた餅」から抜け出すことができません。

例えば，人を魅了する料理を仕上げるには料理人の豊かなセンスが伴った調理法を修得することが必要なように，また，住み心地のよい家を建てるのには，建築に携わる職人が多角的で応用性のある建築のノウハウを心得ておくことが必須であるように，道徳授業においても，その授業の構想や具体場面で生かす指導スキルを自身の中に多彩にもち合わせていることが大切なのは言うまでもありません。そのことによって，授業づくりをより柔軟に発想でき，指導の幅や可能性を広げ，その実践的指導力に磨きをかけていくことができるからです。

今までも，長い道徳授業の歴史の中で，様々な指導スキルとしての方法が発想されてきました。もちろん，その財産を生かしていくことが大切です。しかし，ややもすると，指導技術ともいうべきノウハウの開示にとどまるものも多かったかもしれません。私たちは，「何をどうする？」というやり方をすぐにでも知ることにどうしても汲々となりがちだからです。

しかし，テクニック（技術）を単に身につけるだけでは，スキル（技能）

は生まれません。技術を実際に用いる一人の人の能力が生かされ，伴ってこそスキル＝「技能」となります。その意味からも，本書は，様々な指導技術を併記して知ってもらうことをその第一の目的とはしていません。むしろ，いかに一人の教師が，指導技術を自己の能力を生かして消化し，授業場面に効果的に織り込んでいくか，その技術と実際的な指導力をつなぐ考え方をイメージしてもらうことに重心があります。それこそが，私たちが身につけていくべき指導スキル（技能）であると考えるからです。

本書は，「特別の教科」としての道徳授業に実際に臨んでいる各先生が，授業を充実させるための指導スキルの視野を広げ，それを自分のものとし，生かしていくための考え方や具体的な筋道などを，15のポイント，70の指導スキルに整えて展開し，提示しました。しかも，それぞれの指導スキルを執筆いただいたのは，いずれも日常から手応えのある授業実践を数多く重ねられている実践的指導力のある先生方ばかりです。したがって，一読していただくとわかるように，その内容はきわめて実際的，具体的で，イメージしやすく，かつ説得力があります。

ぜひ，本書を一つの重要な手がかりとして，指導スキルを多彩な角度から発想する力を高め，それをこれからの道徳授業の構想や実践に生かしていってください。また，指導に行き詰まることがあったときにも，また本書を開いてみて，それを切り開くためのヒントや迷いを打ち切るための処方箋を見出してみてください。

そのことを通して，各学校で授業に取り組む先生方一人ひとりが，自分なりの新たな指導スキルを生み出すなどして，子どもにとって学びがいのある道徳授業を実現していくことを心より願っています。

2019年３月

永田　繁雄

Contents

教材提示

発　問

問題追求を仕立てる

板　書

話し合い構築

書く活動

多様な指導法活用

ICT 活用

教材教具の開発・活用

予想外への対応

Chapter 1

道徳授業にかかせない指導スキルのポイント

スキル SKILL

1

道徳授業の「質的改善」を促す指導スキル

道徳授業が，「道徳の時間」から，「特別の教科」である道徳科としてさらなる充実の歩みを始めます。その最大の眼目は，道徳授業の「質的改善」です。道徳授業の指導スキルは，まさに，その「質的改善」を促し，その可能性を広げるために生かされるものでなくてはなりません。

今まで，道徳授業はその長い歩みの中の多くの取り組みによって，様々な指導方法・指導技術を生み出してきました。しかし，それがしばしば指導上の「決まりごと」や「禁じ手」となり，「このようにしてはいけない」「このようにすべき」などと，いわゆるタブーとして作用するなど，授業を硬直化させてきた一面もあったかもしれません。私たちは，そのことを真摯に振り返りつつ，未来志向で指導スキルを発想していきたいものです。

では，「特別の教科」時代の道徳授業に生かす指導スキルについて，私たちはどのように受け止めるとよいのでしょうか。

①指導スキルで「考え，議論する」授業を促す

「特別の教科」としての道徳科は，「考え，議論する」授業を求めています。子どもが教師の問いに反応し，教材中の主人公の気持ちを追随するだけになりがちな授業から脱皮して，テーマについての思考も促すようにするのです。そのためには，例えば，問題提起の仕方や，問題追求の仕立て方にさらなる工夫が求められます。その指導スキルを磨いていくことが肝要です。

その際，発問のスキル一つとっても，主人公の心情を平板に追うのではなく，例えば，共感的，分析的，投影的，批判的な問いなど，様々な立ち位置での発問を効果的に生かすことで，「多面的・多角的な思考」を促すことができます。そのような発想が今まで以上に求められるのです。

②子どもの「主体的・対話的で深い学び」を生み出す

さらに，道徳授業そのものを，アクティブ・ラーニング，すなわち「主体的・対話的で深い学び」としていくようにします。

「主体的」とは，子どもが問題意識をもって自ら学習テーマに取り組むことです。そのためには導入の工夫や教材提示のスキルなどが重要です。

「対話的」な学習にするためには，話し合いの場の構築を軸に，表現活動などの多様な指導法のノウハウが生かされます。

そして，それらがコラボされた切磋琢磨の中で生まれる「深い学び」には，板書や書く活動，振り返りなどの在り方がポイントとなります。

子どもが道徳的問題を「自分事」として「他人事」にも学びながら追求し，各自の「納得解」としての道徳的価値観を得られるようにするためには，それぞれの局面で生かす指導スキルを磨いていくことが大切です。

③従来からの７つの「引き出し」を下地にして発想する

その際，私たちは，今まで長く生かし，今も変わらない指導スキルも継続的に重視していく必要があります。例えば，文部科学省の『小学校学習指導要領解説　特別の教科　道徳編（平成29年７月）』（以下，「学習指導要領解説」と略記）のｐ.84を開いてみてください。そこには，今までの道徳の解説書とほぼ同様の形で，指導スキルに直接的にかかわる内容が「道徳科に生かす指導方法の工夫」として，以下の７つに整理されて示されています。

ア　教材を提示する工夫　　イ　発問の工夫
ウ　話合いの工夫　　エ　書く活動の工夫
オ　動作化，役割演技など表現活動の工夫
カ　板書を生かす工夫　　キ　説話の工夫

このような示し方は道徳の解説書独自のものです。それは，道徳授業らしさを生む道具や材料が入った「引き出し」です。それらを変わらず大事にしつつ，道徳科としての新たな発想を加えていくようにするのです。

2

指導スキルを生かすための大原則

道徳科の授業に生かす指導スキルは後述するように，多彩な角度からのポイントと具体的な方法の知見をもっています。それらを効果的に生かすためには，どのような構えをもつとよいのでしょうか。

私たちは，次の①から④にわたる原則を心に留めるようにします。

①指導スキルを生む「引き出し」をなるべく多くもつ

まず，多彩かつ多角的な指導スキルを生むための「引き出し」に触れ，それを知るようにします。修得が必要なスキルは身につけるように努めます。

多くの指導スキルは，知っているだけでは使うことができません。シミュレートしたり，実際に用いる機会をつくったりすることで，自分の体に馴染んだ指導スキルになります。そのようなスキルを多く心得ておくことが，教師の実践的指導力を高め，指導の可能性を広げ，子どもの豊かな学びを後押しするエネルギーにもなります。

②適時的な「引き出し」を吟味して生かすようにする

しかし，指導スキルはときには「両刃の剣」にもなります。その効果も，使い過ぎたり，使う場が適切でなかったりすると，別の刃がこちらを向くのです。例えば，役割演技の場面を丁寧につくり出すと，装置の賑やかな舞台ができあがります。しかし，それは劇をする場面としては子どもを夢中にさせ，効果的であったとしても，子どもの創造的なセリフや，想像を生かした動きや表情を生み出すには，セットされた状況が邪魔になる場合もあります。

また，「引き出し」を次々と開けて，道具や材料を用い過ぎると，授業そのものが煩雑で，子どもが忙しい授業になってしまうこともあります。

そのことから，学習指導要領解説の p.84には，「最も適切な指導方法を選択し，工夫して生かしていくことが必要」であると示しています。

③「お膳立て」以上に「仕掛け」を大事にする

指導スキルには，子どもを電車に乗せる機関士となるための教師の視点に立った「お膳立て」のスキルと，子どもに地図をもたせ，子どもの自発的な学びを促す子どもの視点からの「仕掛け」としてのスキルがあります。

もちろんその両面を使い分けることが重要ですが，教師の「お膳立て」だけでは，美味しそうな料理のお膳を並べることに力が入り，子どもは楽しく食するものの，自ら素材（教材など）を生かして料理をしようとしません。教師の考える価値理解や価値観へと誘導するような「お膳立て」型の授業は，子どもが自ら生き方を広げようとする意欲がどうしても貧弱になります。

そこで，子ども自身も料理したくなる「仕掛け」としてのスキルを意識して生かすように努めます。例えば，切実感のあるテーマ提示，議論の場の設定，ヒントとなる地図の提示など，子どもが追求し，運転したくなるためのスキルなどを取り込むのです。授業に力を込めれば込めるほど，私たちは，黒板に板書カードや装置がひしめき，発問が細かく置かれた「お膳立て」という落とし穴に陥りがちな不安もあることを，常に心得ておくようにします。

④指導スキルで教師の人間力に磨きをかける

そして，指導スキルを心得て身につけていくことは，教師の実践的指導力を高めるのはもちろんですが，教師の子どもに対する共感的な理解の視野を広げ，個への配慮の届いたホットな支援をすることができるようになるなど，教師としての人間的な魅力を磨き上げていくことにもつながるでしょう。

指導スキルは，手の届くノウハウとしての指導力にとどまらず，教師力を高め，さらには一人の人間力を高めていくものです。指導スキルは，本来，人としての温かさに満ちているものなのです。

3

指導スキルを生み出す15のポイント

本書では，小学校道徳の指導スキルを15のポイントに大きく区分けして示しました。具体的なスキルは，各執筆者の思いを重ねて Chapter 2 の中で語られています。それぞれどんなポイントからアレンジされているのか，以下では，その15のポイントの中心的な押さえどころについて考えます。

①「教材研究」のスキル 教材のテーマを見出す「吟味」を大切にする

教材研究の最大のポイントは，教材を「吟味」することです。細かに「分析」していくことも大事ですが，それ以上に，「吟味」の作業で教材を文字通り味わい，その魅力やそのテーマ性を浮き彫りにすることが肝要です。

学習指導要領解説には，その p.81の「学習指導案作成の主な手順」の項で，「教材を吟味する」と示しています。大切なのは，教材の中に子どもに考えさせたい道徳的価値に関わる事項がどのように含まれて，教材自体がどんなテーマを内在させているかについて吟味することです。

その際の押さえどころとしては，例えば，次のことが考えられます。

○**全体的・構造的に描き出す**…教材内の人物の関係や，含まれている道徳的価値について，その違いや変化などを広く描き出すようにします。

○**描かれていない部分に着眼する**…教材に描かれていない部分にこそ，考えどころがあり，人物の心が動けば動くほど立ち止まる場面も生まれます。そのような場面に着眼して，子どもの関わる空間を生み出します。

○**実話と創作を区別する**…創作教材は，その世界を子どもが自由に受け止めます。一方，実話教材はそのリアリティを生かすことが必須となります。教材それぞれの持ち味を生かすことを大事にしましょう。

②「導入」のスキル 子どもの「問題意識」を生み出す下地にする

導入で，授業の50%またはそれ以上が決まると言われます。子どもの問題意識を強く喚起できれば，それが学習の追求エネルギーとなるからです。

学習指導要領解説では，導入について p.82に「主題に対する児童の興味や関心を高め，ねらいの根底にある道徳的価値の理解を基に自己を見つめる動機付けを図る段階である」と示しています。まさに，子どもの学習への気構えや意欲を高め，問題意識を温める段階なのです。

導入に際して，私たちは次の押さえどころを心得たいものです。

○**子どもの気がかりや疑問を意識化させる**…子どもの問題意識は気がかりやこだわりなどから始まります。そのために，現在の価値観への揺さぶりや情報の提示などで問題がクリアになるような工夫をします。

○**考えや立場をもつための動機付けをする**…子どもが自分の立場などを選択できたとき，追求意欲が一気に高まります。そのために，書かせたり，意志の表明をさせたり，交流させたりする工夫が考えられます。

○**ミニ活動などでその気にさせる**…例えば，主題にかかわるエクササイズなどを生かして問題を醸成しながら意欲を高めることが考えられます。

③「教材提示」のスキル 提示の様々な仕掛けで追求に追い込む

教材提示は，道徳授業の大きな要素の一つです。道徳授業では，読み取りの力に左右されずに道徳的問題の世界へ子どもをいざなうことが求められるからです。そのため教師が読み聞かせることが多く，教材もわかりやすく，問題場面が明確になるような表現の工夫がされているのです。

このことについて，学習指導要領解説の p.84「教材を提示する工夫」では次のように示されています。

「多くの情報を提示することが必ずしも効果的だとは言えず，精選した情報の提示が想像を膨らませ，思考を深める上で効果的な場合もある」

いわば，至れり尽くせりの情報提示は子どもの自由な思考を奪いかねず，むしろ無駄なくわかりやすい提示こそが大事だというのです。このことを心得て，例えば，次のような押さえどころを大事にするようにします。

○**演出によって子どもを引き込む**…教師は読み聞かせの緩急や間の取り方などを工夫する「演出家」となり，子どもが「主人公」となるようにします。

○**提示の工夫自体を授業の仕掛けにする**…教材を分割提示する，または結論を伏せて提示するなど，提示の工夫自体を重要な手立てとします。

○**シンボリックな場の設定にする**…大がかりなものより，実物などを生かした，研ぎ澄まされた場の設定の方が効果的なことも多く見られます。

④「発問」のスキル 柔軟な発想に立つ発問で子どもの思考を揺り動かす

発問は，最も欠かせないスキルの一つです。子どもの思考を活性化させ，子どもの考えたい疑問を代わりに問いかけるという機能があります。

学習指導要領解説の p.84「発問の工夫」では，「考える必然性や切実感のある発問，自由な思考を促す発問，物事を多面的・多角的に考えたりする発問」を心がける重要さが説かれています。大事なことは，開かれた発問で，子どもの思考に切り込んでいくことです。

そのために，例えば，次のような押さえどころをもちましょう。

○**テーマ性のある発問を大事にする**…場面の心情や理由などを問う発問ももちろん生かしますが，全体的なテーマ思考を促す発問こそ大事にします。

○**立ち位置を変えた発問を発想して生かす**…例えば，教材中の人物になり切る，客観的に見る，人物の思いを明らかにする，自分の思いを明らかにするという区分などによって様々な立ち位置での発問が発想されます。重要なことは，そのような違いを駆使して発問を柔軟に発想することです。

○**比較や変化や根拠などを問い切り込む**…全体について，比較的視点や変化の視点などを問うなど，大きな発問も織り込むようにします。

⑤「問題追求を仕立てる」ためのスキル 子どもの問題追求的な思考を授業の流れにする

「考え，議論する授業」の展開が今，求められています。その大事な着眼点は，教師の教える流れで授業をつくることではなく，子どもの問題追求思考の流れを予想し，それに乗せるようにして展開を仕立てることです。

学習指導要領解説の p.81には，「学習指導過程を構想する」の箇所で，次のように述べられています。

「児童がどのような問題意識をもって学習に臨み，（中略）自己を見つめ，多様な感じ方や考え方によって学び合うことができるのかを具体的に予想しながら，それらが効果的になされるための授業全体の展開を構想する」

道徳授業は子どものためにあり，子どもの追求の視点から組み立てていくことを常に心に留めておきたいものです。そのために，例えば，次のような３つの仕立て方を押さえどころとすることが考えられます。

○**場面の発問から中心的な問いにつなげる**…特に低学年などは，場面への共感から中心テーマにつなげていくことが考えられます。

○**テーマを置いて追求する手順を考える**…道徳的価値や社会的課題，日常生活などに基づくテーマを軸に一体的な追求を描くことが考えられます。

○**教材での問いを追求の柱に仕立てる**…教材と遭遇して発する気がかりや疑問などを学習問題として追求の流れを生み出すことが考えられます。

⑥「板書」のスキル 学級全体の思考画面としてメリハリよく生かす

板書は「授業を映し出す鏡」であり，「子どもが思考を深める共通のノート」です。道徳授業の多くで，１時間１板書が大事にされるのは，板書の思考画面が子どもの学び合いのフィールドになるからです。

このことについて，学習指導要領解説では，その p.85の「板書を生かす工夫」において，「思考の流れや順序を示すような順接的な板書だけでなく，

（中略）対比的，構造的に示したり，中心部分を浮き立たせたりするなどの工夫をすることが大切」であると述べています。私たちは，板書のスキルを生かす際に，例えば，次の押さえどころを心得るようにします。

○**共感を深める画面を描き出す**…特に低学年などで，時系列的な展開を黒板に映し出したり，板書の画面そのものを教材の舞台として配置したりして子どもの共感的思考を深められるようにします。

○**違いや変化などを生かしてテーマを描く**…横長の画面の左右の振れ幅で変化を見せたり，人物や考えを対置させたりします。子どもが自身の立場をネームプレートにして黒板に張り込み，参画することも効果的です。

○**主題を構造的に描いて思考を深めさせる**…多様な考え方の配置を工夫するなどして，主題や価値内容を構造的に描き出すことも考えられます。

⑦「話し合い構築」のスキル 集団のダイナミクスを生かして学び合いを深める

話し合いは，対話的な学びを促す中心的なスキルです。集団を多様に生かすことで，認め合いや磨き合いが起こり，考えが錬磨されていきます。

このスキルに関して，学習指導要領解説ではその p.85に，「考えを出し合う，まとめる，比較するなどの目的に応じて効果的な話合いが行われるよう工夫する」と示しています。「活動あって学びなし」の状態に陥らないよう，形式は大事にしつつも，実質を深める場の構成を考えるようにします。

例えば，次の押さえどころをもってこのスキルを生かすようにします。

○**話し合い空間を工夫して設定する**…座席配置の工夫や，集まる広場の設定など，互いの顔が見える話し合いの場を演出するようにします。

○**集団の人数や構成を意図的に仕組む**…ペア，トリオ，カルテットなど，目的に応じて人数を使い分けたり，課題別グループや意見の同じ集団などを構成したりし，互いに磨き合える関係を生かすようにします。

○**たずね歩き，相互指名，役割分担などの約束ごとを決める**…簡便でわかりやすいルールを加えると，話し合いが一層活性化する糸口になります。

⑧「書く活動」のスキル 書きたくなる個性的なノートづくりを軸にする

道徳授業で個別指導が最も生かされるのが「書く活動」です。そこでは個への助言や配慮ができ，次の学習への見通しをもつこともできます。

学習指導要領解説では，p.85に「一冊のノートなどを活用することによって，児童の学習を継続的に深めていくことができ，児童の成長の記録として活用したり，評価に生かしたりすることもできる」と示しています。

ワークシートやノートの活用など学級にあった方法を生かし，子どもが自己の成長実感が得られるノートになるように心がけたいものです。

ここでは，次のような押さえどころをもって臨むことが期待されます。

○**ワークシートの工夫を多彩にもつ**…例えば，吹き出し，手紙形式，自己評価を含む形式など，その形に多彩なアイデアをもつようにします。

○**個性的なノートになるように推奨する**…道徳ノートの場合，板書をそのまま写し取るのではなく，自己の考えをメモし構築するような，子ども自らの約束事でつくり出す，一人ひとりが違うノートになるように促します。

○**負担感や煩雑感が生じないよう配慮する**…書くのが苦手な子どもなどが圧迫感をもたないよう，書く方法，評価の在り方には配慮が必要です。

⑨「振り返り」のスキル 方法を多様にもって生活の反省に固定化しない

道徳授業は，読み物教材を使うことが多く，「小さな国語」「国語の亜種」などと揶揄されたりします。しかし，道徳科の目標が示すように，「自己の生き方についての考えを深める学習」であることを忘れてはいけません。その意味からも，「振り返り」のスキルを生かすことが重要です。

学習指導要領解説でも，上記に関して，p.83に「児童が日常の体験やそのときの感じ方や考え方を生かして道徳的価値の理解を深めたり，自己を見つめたりする指導の工夫をすることが大切」であると示されています。

このことに関して，私たちは，次のような押さえどころを意識して，指導スキルを固定的に考えず，柔軟にもつようにしたいものです。

○**教材の中で自分を語ることができるようにする**…教材での話し合いの中で自分を投影し，日常体験をもとに語る機会がもてるようにします。

○**各自の学びを意識化させる**…例えば，「この時間で見つけた宝もの」を書くなどして，学習を通した振り返りができるようにします。

○**日常生活につなげた問いを行う**…経験の想起を固定的に考えずに，ワークや自分チェック，イラスト化など様々な方法を生かすようにします。

⑩「終末」のスキル 授業の「落とし穴」にせず多様な方法を生かす

終末は，授業のひと区切りであり，考えを整理したり，温めたり，次への意欲をもったりする時間となります。

終末では，しばしば教師の説話が生かされます。その説話の意義について，学習指導要領解説では，p.85に「教師が意図をもってまとまった話をすることは，児童が思考を一層深めたり，考えを整理したりするのに効果的である」と触れています。その際，特に留意したいのは，教師の説話が児童へのお仕着せや訓戒になるなど，教師が引き込む「落とし穴」のようなものにしてしまうことです。その意味からも，多彩な方法を知っておくことが大切です。

ここでは，次のような押さえどころを意識して臨むようにします。

○**とっておきの体験談をタイムリーに生かす**…適時的で印象深い体験談を生かします。終末とは限りませんが，ときに，ゲストや他の先生を招いて，授業にかかわってもらい，話をしてもらうこともできます。

○**印象的なキーワードや逸話などを生かす**…子どもの心に刻まれる名言やエピソードなどを生かし，授業後の掲示で日常につなげることもできます。

○**自分自身の心にしまい込む活動を組む**…例えば，「自分へのメッセージを書こう」「心の貯金箱にしまおう」などと，小さなアイデアを生かして，気持ちのよいまとめの時間を生み出すことができます。

⑪「評価」のスキル 子どもの人格を尊重した謙虚な構えで進める

今，大きな課題の一つは，評価への取り組みです。本来はこのスキルだけで書籍を１冊にしなくてはいけないほどの重要なスキルです。なぜならば，「道徳の時間」が「特別の教科」である道徳科となった主な理由の一つは，この評価の在り方や評価への構えや取り組みが国語などの各教科とは大きく違うことでした。私たちは，子どもの学習活動をどう見取るかという評価について，的確に心得て臨むことが大切です。

子どもの学習の様子の評価について，学習指導要領解説では，その p.110 などにおいて「他の児童との比較による評価ではなく，児童がいかに成長したかを積極的に受け止めて認め，励ます個人内評価として記述式で行う」ことを求め，教師による数値的な評価はしないこととしています。

道徳性は子どもの人格そのものです。私たちは子どもの道徳性の表れに謙虚に向き合い，それをランキングしたり，「～ができた」「～を理解した」というような到達度で表現したりすることは避けなくてはなりません。

本書の Chapter 2 では子どもの様子を見取るための指導スキルに特化して整理していますが，特に次の押さえどころをもって評価に臨むようにします。

○**評価の意義を意識して結果を生かすようにする**…子どもの評価は子どもの生き方を認め励ます視点で表すように努め，その後の子どもへの支援的な指導に生かす観点から評価と指導の一体化を図ります。

○**学習ノートや授業の様子などの情報を重ねる**…評価情報の中軸は子どものノートやワークシートですが，書くのが苦手な子どももいます。板書，発言，表現活動などの中から無理なく評価情報を得るようにします。

○**自己評価や相互評価を慎重に生かす**…子どもの自己評価は自己を見る目を養うのに効果的です。しかし，内罰的・外罰的傾向でも違いが生じるように，参考資料としつつも教師の受け止めとの違いを考慮します。また，付箋紙などによる相互評価も評価情報を得る効果的な機会です。

⑫「多様な指導法活用」のためのスキル 多様な知見を生かすことで柔軟な学びの場を生む

今，道徳科は多彩な授業を開発していくことが求められています。そのために，指導スキルもその受け止めを広くしていく必要があります。

学習指導要領解説の p.95には，「問題解決的な学習など多様な方法を取り入れた指導」についての解説の中で，次のように示されています。

「道徳科の特質を生かすことに効果があると判断した場合には，多様な方法を活用して授業を構想することが大切である」

例えば，様々な社会性プログラム，心理劇などについて，最初から制限することなく，まずは，大いに生かすように努めるのです。そうすることで学びの場がひらき，子どもの学びをひらく大きな手がかりになります。

指導に際しては，例えば，次の押さえどころをもつようにします。

○**指導法の趣旨を踏まえ得意とする方向を生かす**…例えば，役割演技は本来，子どもの心理療法を背景として生まれたように，それぞれの持ち味や得意な分野があります。それを的確に捉えて生かすように努めます。

○**指導法を生かすこと自体を目的としない**…上記と重なりますが，指導法はあくまでスキル上の工夫であり，その実施が目的化しないようにします。

○**時間・空間をひらくことも試みる**…複数時間扱い，教室から場所を変えた指導などで，授業の可能性が時間や空間を超えて一気に高まります。

⑬「ICT 活用」のスキル 情報提示や集約などだけでなく思考の活性化に生かす

長くアナログな環境の中で授業をしてきた私たちにとって，ICT は画期的な環境です。その日進月歩の勢いは急激なものがあります。それを生かさなければ，将来に生きる子どもたちのリクエストから一層かけ離れたものになります。今こそ強く意識して生かしたいものです。

学習指導要領解説にも，例えば，p.98に情報モラルへの配慮に絡めて，「コンピューターによる疑似体験を授業の一部に取り入れたりするなど，創意ある多様な工夫が生み出されることが期待される」と示しています。

そこで，次の押さえどころを意識してこのスキルを生かすようにします。

○**まずは教材や情報提示に生かす**…例えば，動画を静止させるなど，情報機器の機能を生かして効果的な提示を行います。

○**情報を子どもとともに活用して学習の幅を広げる**…意見の集約，全体像の可視化など，個別のタブレットも含めた画面の連動で思考を深めさせます。

○**一体的な情報空間を生み出す**…黒板の手づくり環境と，ICT のデジタル環境を融合することで，思考空間の可能性を広げていきます。

⑭「教材教具の開発・活用」のためのスキル 教材の創造や教具の創作を指導力の向上につなげる

私たちは，自身のオリジナルな教材や教具を生み出したり，それを生かしたりすることによって，教師冥利をより強く感じます。ぜひ，子どもに負けずにアイデアを発揮してその開発や活用に努めましょう。

この中で，教材の開発についても，例えば，学習指導要領解説の p.103に，「教材が多様に開発されることを通して，その生かし方もより創意あるものになり，児童自身のその積極的な活用が促される」とその副次的な効果を強調しています。教材教具の開発は教師力向上にも直結する営みなのです。

私たちは，その際，次のような押さえどころを忘れないようにします。

○**教材作成のノウハウを心得る**…道徳教材は国語の教材とは異なり，帰結の明確さ，考えどころ，授業に生かす葛藤場面など，仕掛けが織り込まれます。授業での議論に生かすためのそんなノウハウを心得ましょう。

○**学びを豊かにする教具の活用に慣れる**…ミニボード，文字短冊，意見カードなど，自己表現が促される教具の活用法に慣れるようにします。

○**学びを盛り上げるグッズを開発する**…心情図，心情曲線のような広く取り組まれているものの他に，例えば，心のシーソー，カラーコップ活動など，子どもの交流を盛り上げるグッズなどを開発して生かします。

⑮「予想外への対応」を行うスキル 子どもを信じつつ柔軟な対応力を磨き続ける

子どもの想定外の発言や様子が見られ，私たちが戸惑うこともあります。授業は生き物だからです。しかし，予定調和的な授業がよい授業とも限りません。子どもの思いが生かされるとき，教師の予想を超えた子どもの冒険が始まります。それこそが，子どもが願う学習の世界です。

学習指導要領解説では，例えば，道徳性の評価の基盤として，p.109に「教師と児童との人格的な触れ合いによる共感的な理解が存在することが重要」として，「児童の成長を見守り，努力を認めたり，励ましたりする」ことの大切さを強調しています。「予想外への対応」に際しても，このように，まず子どもを信じ，子どもの視線に立った柔軟な対応こそが求められるのです。

実際の場面では，例えば，次の押さえどころを意識するようにします。

○**子どもの真剣な意見はすべて尊重する**…子どもの真摯な主張は，ねらいと外れていても，まずは受け止めた上で対応します。

○**人格を尊びながらも必要な事項は伝える**…不適切な事柄は本人の人格を大事にしつつ伝えます。必要な場合には事後に個別に向き合います。

○**子どもの状況や背景を重ねて考える**…不安定な子ども，悩みをもつ子どもなどの理由や背景をとらえ，担任として惜しみなく接します。

次の章では，道徳授業における15のポイント，70の指導スキルについて，授業実践家による具体的な説明が展開されます。ぜひ，先生方の必要性に応じて，大いに活用してください。

（永田　繁雄）

Chapter 2

道徳授業の指導スキル 70

SKILL スキル

道徳的問題をとらえるスキル

POINT

❶人物の行動やその動機を比べる
❷助言者の助言内容を考える

「『特別の教科　道徳』の指導方法・評価等について（報告）」（H28. 7　専門家会議）によると，道徳的問題とは，「例えば，①道徳的諸価値が実現されていないことに起因する問題，②道徳的諸価値について理解が不十分又は誤解していることから生じる問題，③道徳的諸価値のことは理解しているが，それを実現しようとする自分とそうできない自分との葛藤から生じる問題，④複数の道徳的価値の間の対立から生じる問題など」があります。道徳的問題を明確にするのが重要なのは，学習課題や発問に大きく関係するからです。

①人物の行動やその動機を比べる

複数の人物が役割を担って描かれる教材でも，１人の人物の変容が描かれる教材でも，行動や動機を比べると道徳的問題を捉えられます。例えば，「心と心のあく手」（「わたしたちの道徳」３，４年）ではどうでしょうか。

> ぼくはある日，荷物を持って苦しそうに歩くおばあさんに出会い，「荷物を持ちます」と声をかけるが断られる。数日後，再び荷物を持つおばあさんに出会うも声をかけられない。それでも心配なため，黙って後ろをついて歩き，無事に自宅に到着した姿を見て安心する。

対比的に描かれる２つの場面に着目し，「人物の行動と動機」を比べます。行動の動機は，双方とも相手を心配する思いやりです。しかし，行動は「声をかける親切」と「見守る親切」とで違っています。ここでの道徳的問題は，「相手を思いやろうとする場合，直接声をかけて行う親切と相手に気づかれないように行う親切とがある。本当の親切とはどんなものだろうか」です。したがって上記②の「理解が不十分又は誤解している」の１つと言えます。

②助言者の助言内容を考える

道徳的問題を捉えるためには，教材に登場する助言者に着目して，その助言内容を検討することが有効な場合があります。助言者の言動は「なぜ問題なのか」や「どう考えればいいのか」などを表しているからです。助言者が明確に助言している教材もあれば，助言内容が分かりにくい教材もあります。

例えば，前者の教材として，料金不足であったことを差出人である友達に伝えるかどうかを迷う「絵はがきと切手」（中学年）があります。兄は「伝えることが友達だ」と言い，母は「お礼だけ伝えた方がいいかもしれない」と助言します。ここでの道徳的問題は，「心と心のあく手」と似ています。

例えば，後者の教材としては，「お月様とコロ」（「わたしたちの道徳」１，２年）があります。友達に意地悪をした主人公が謝ろうと思いながらも謝ることができない場面で，助言者であるお月様が「さあ，涙をふいてわらってごらん」「素直で明るい声が出たね。いつも，その気持ちでいるんだよ」などと話しかけます。ここでの道徳的問題は，主人公の行動から見れば，上記③の「葛藤から生じる問題」と言えます。しかし，助言者の内容は「過ちは素直に改めて，正直に謝りましょう」ではありません。むしろ，①の道徳的価値が実現されていないことに起因する問題，すなわち「素直で明るい気持ちで生活できていない」ということなのです。したがって，助言者の助言内容に着目するならば，そもそも正直になるとか，謝るとかは当然重要だけれども，それ以前に，「明るい心で生活することの大切さ（①のできていないこと）」を道徳的問題として扱うことだとも考えられるのです。（坂本　哲彦）

中心価値や関連価値を考えるスキル

POINT

❶行動の動機を複数想定する
❷人物や行動のよさを複数想定する

教科書になったことから，中心価値はすでに決められています。中心価値を確かめるとともに，関連価値を考えるためのスキルを２つ挙げます。

①行動の動機を複数想定する

行動の動機や理由は単一ではありません。したがって，それを複数考えるならば，そこに中心価値や関連価値を見いだすことができます。

「よわむしたろう」（「わたしたちの道徳」３，４年）ではどうでしょうか。

> 狩りで獲物を捕まえられなかった殿様が，池にいる鳥を弓矢で射ろうとしたとき，よわむしたろうが「この辺りの子どもが悲しむので助けてほしい」と涙をこぼしながら，殿様の前に立ちはだかった。殿様は，「子どもたちを思う気持ちと勇気に免じて鳥を取らない」と帰って行った。

中心場面である「太郎が殿様の前に立ちはだかる行動の動機」は概ね次のような考えになります。⑴子どもたちを悲しませたくない（親切，思いやり），⑵子どもたちを助けたい（友情，信頼），⑶鳥が死んではかわいそう（自然愛護），⑷殿様の悪事を許したくない（善悪の判断）などです。もちろん，逆説的ですが，自分の命をなげうってでも子どもたちや鳥を助け，殿様の考えを変えたい（生命尊重）ということもあるかもしれません。中心価値は，殿様の「子どもたちを思う気持ちと勇気に免じて鳥を取らない」に着目し，(1)または(4)となり，この後「よわむし太郎」という名前が使われなくなったという記述から，「正しいと判断したことは，自信をもって行うこと」（善悪の判断）になります。残る(1)(2)(3)は，関連価値と解釈できます。

②人物や行動のよさを複数想定する

中心人物の「人としてのよさ」や「特定の行動のよさ」を複数想定すると，中心価値，及び関連価値を考えることができます。

「ブランコ乗りとピエロ」（「私たちの道徳」５，６年）で考えます。

サーカスの団長であるピエロが，ブランコ乗りサムの身勝手な行動に手を焼いていたところ，大王が見学したときに，サムが自分の割当時間を無断で延長し，ピエロの演技を大王に見てもらえないことがあった。腹を立てつつもピエロは，サムの日頃の努力などを認め，演技を延長したことを許し，これからは，互いに力を合わせていこうと話し合った。

授業で，価値のつながりを学ばせるため，子どもに「ピエロのいいところはどんなところだろうか」と発問しました。

右の板書のように教師は，子どもの発言の中から，中心価値にあたる「広い心」にかかわる発言を中央上に書き，それ以外を周りにまとめて書きました。

中心価値「相互理解，寛容」（広い心）を支える「友情，信頼」「思いやり，親切」「感謝」「集団生活の充実」を関連価値と考えることができるでしょう。（坂本　哲彦）

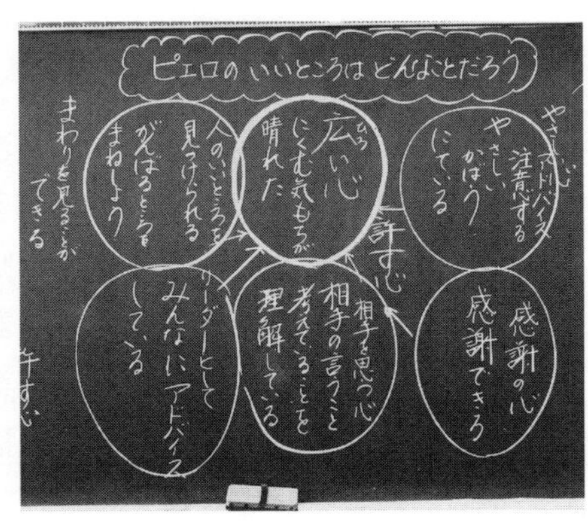

原作・他社教科書を読み比べ生かすスキル

POINT

❶教材文の表現の違いを生かす
❷発問や補助教材など教材文以外の情報を生かす

原作・他社教科書を読み比べて，教材文の表現，記述の違いを授業に生かす場合と，教材文以外に掲載されている「発問」や「補助資料」などを授業に生かす場合の二つが教材研究のポイントです。

①教材文の表現の違いを生かす

まずは，原作との違いに着目してみましょう。教材文は，原作を短く端的に編集，構成し直していますから，その意図や事実が授業に生かせます。

例えば，伝記教材である「ちいさなど力のつみかさね―二宮金次郎―」（「わたしたちの道徳」１，２年）ではどうでしょうか。題名からも分かるように，教材文は，金次郎の生涯の中から，内容項目「希望と勇気，努力と強い意志」に焦点化した内容構成となっています。他の出来事は省略されていますので，大人になってから行ったとされる金次郎の業績の中から，当該価値に関連付けて紹介できるものがあるかもしれません。

他の教科書の教材文と読み比べる際には，概ね同じ分量の文章となっていますから，原作との違いほどには，表現内容に差がありません。しかし，少しの違いであっても，その違いを授業づくりに生かせる場合があります。

「はしの上のおおかみ」（低学年）は，全教科書及び「わたしたちの道徳」にも掲載されています。例えば，「わたしたちの道徳」では，「山の中の谷川の上」とか「長いけれど，せまいはし」などと状況が，詳しく書かれています。一方その部分がない教科書もあります。これらは，場面の状況を子どもに想像させる上で，教師の補助的な発言や教材提示，または場面設定に生かせそうです。また，「わたしたちの道徳」では，最後に「『これにかぎるぞ』おおかみは，気持ちが晴れ晴れとしました」とありますが，省略している教科書もあります。この部分に着目することも可能です。この学習では，「意地悪をするよりも親切にすることの方がずっと気持ちいい」ということを学ばせる授業が少なくありません。ならば，「いい気持ち」を子どもたちが膨らませ，他の言葉で表現してみる（例えば，「晴れ晴れとした気持ち」）とか，おおかみの気持ちを吹き出しで表現してみる（「わたしたちの道徳」では「これにかぎるぞ」となっているけれども）などが検討できます。

②発問や補助教材など教材文以外の情報を生かす

他社教科書と読み比べるのは，何も教材文そのものだけではありません。教科書には，教材のはじめに「導入で使う発問」が書かれていたり，教材文の下や教材の末尾などに「中心的な発問」や「振り返りの発問」などが例示されていたりします。読み比べて教材研究に生かせるのは，①にある教材文そのものの差異よりも，むしろこちらの方が大きいでしょう。

数社の教科書があれば，多くの発問を集めることができます。どの発問を選べば自分の立てたねらいを達成するのにふさわしいのか，また，どの振り返りの発問が自分の学級の子どもにふさわしいのかなど，教師は比べて考えればいいので，自分が最初から考えるよりも相当程度早く，また，効果的なものを考えられます。

同様に，発問以外にも，挿絵，補助的な教材，脚注なども参考にできますし，時には，教材文の中に吹き出しなどが設定されている場合もあることから，授業づくり，ワークシートづくりなどに，関係が大きいです。このように考えると，②のスキルが最も ストレートに授業づくりに役立ちそうです。

（坂本　哲彦）

事実関係を調査するスキル

POINT

❶原則や出典に注意して多様な方法で調査する
❷教師の理解と子どもへの提示を分けて考える

事実関係を調査する場合，調査する内容，対象，方法と，調査内容を誰にどのように生かすのかを分けて考えることが重要です。

①原則や出典に注意して多様な方法で調査する

教科書の場合，検定を経ていますから，教材内容の事実関係に誤りはありません。したがって，内容の事実関係を調査する目的は，教師が内容理解を広げたり，深めたりするために行う場合がほとんどです。

その場合，非連続型テキストなどに掲載されているグラフ等の最新版を確認する，教材には出ていないがよく似ている場面，事象，その他の事例（例えば，教材の内容を郷土に当てはめた事例）を調べるなどがあるでしょう。

その際，教材提示や教師の発言に影響を与える可能性があることから，学習指導要領の「第３　指導計画の作成と内容の取扱い」にある教材の留意点，原則に配慮しておくことがまず重要です。要約すると，以下の点です。

・子どもの発達の段階に即し，ねらいを達成するのにふわさしいもの
・人間尊重の精神にかなう，よりよく生きる喜びや勇気を与えるもの
・特定の見方や考え方に偏った取扱いがなされていないもの

したがって，調査した内容の出典に注意することが最もオーソドックスです。そのため「公的機関が発行している書籍」など信頼のおける情報の最新版を重視することになります。また，１つではなく，「複数の情報源」で確認することが欠かせません。

方法としては，現在では，ネットによる検索が中心になります。ネットであれば，様々な情報源について短時間で複数調べることができます。また，教科書会社の DVD や Web を活用したり，必要に応じて，学校の図書室，自治体の図書館や役場などに足を運んだりすることになります。

特に，現代的な課題に関する教材の場合は，理科，社会，家庭科など他教科の教科書や資料集などにどのように表現されているか，授業でどう扱ってきたかを確認することも意味があります。

いずれにしても，事実関係があやふやな場合は，両論に配慮するか，双方とも扱わないようにすることになるでしょう。

②教師の理解と子どもへの提示を分けて考える

教師は，調べれば調べるほど楽しくなり充実感を得ます。それは重要なことですが，より大切なのは，次の２つを峻別することです。

(1)自分の理解や教材研究に生かす事実 (2)さらに，授業での教師の発言や教材提示などに生かす事実

教師は，子どもの理解を深めようとするあまり，授業で多くの補助教材，資料を使いたくなります。しかし，情報量が多いと逆に理解が混乱する場合も少なくありません。そのため，事実関係を調べる場合は，自分の理解，教材研究のための事実なのか，それを超えて，子どもにも有効な事実なのかを自覚的に分けるようにします。

そのことで，ねらいや発問が焦点化できるので，シンプルでわかりやすい授業にすることができます。

（坂本　哲彦）

興味・関心をもたせる工夫をするスキル

POINT

❶今の自分を見つめられる問いかけをする
❷今もっている価値観を揺さぶる

①今の自分を見つめられる問いかけをする

導入では，自己の生き方についての興味・関心をもたせましょう。それは今の自己の生き方をみつめ，よりよい自分を目指して自己の生き方についての課題意識をもつということです。例えば，友情，信頼をねらいとした「泣いた赤おに」の授業（４年生）の導入を考えてみましょう。

> 自分は友達を大切にしていると思いますか。

授業の最初にこの問いかけを行います。ここでのポイントは，「自分は～と思いますか」という問い方です。自己の生き方についての課題意識をもたせたいので，主観的に自分ができているか判断できるように問います。その判断の理由が大事です。判断の理由は子どもによって様々です。「誰とでも遊んでいるから」「友達を差別していないから」「友達が困っていたら助けているから」など，理由を全体で伝え合うことで，子どもの中には今の自分で本当にいいのかなという自分を批判的に見る見方が出てきます。自分を批判的に見つめなおすことで，自己の生き方の課題に気づき，よりよい自分になるために大切なことを考えたいという道徳科の学習の目的意識が出てきます。

②今もっている価値観を揺さぶる

高学年では，誠実や自由などについて自分のもつ価値観そのものを問い直す学習が出てきます。例えば，「誠実に生きるとはどういうことだろう」とか「よりよい自由とは何だろう」というような問いかけです。子どもたちが普段あまり考えないこと，わかったつもりになっていることなどをストレートに問いかけてみます。その問いかけに答えようとすると，子どもは自分自身に問いかけなければなりません。そして，自分があまりわかっていなかったことに気づくのです。善悪の判断，自律，自由と責任をねらいとした「うばわれた自由」の授業（５年生）では，次のような導入となります。

Ｔ：自由に生きていきたいと思っていますか。
Ｃ：自由に生きていきたい。
Ｔ：では，みんなが自由に生きている社会はどう思いますか。
Ｃ：いいのかなあ？
Ｃ：みんなが自由だと困るんじゃないかな。みんなが自由はちょっと…。
Ｔ：ということは，自由ってあまりいいものではないのでしょうか。
Ｃ：う～ん。いいけど，みんなが好きに自由にするのはよくない…。

子どもにとっての「自由」とは，自分の欲求のままに行動する自己中心的な自由である場合が多いものです。しかし，本来の自由とは，適切な判断と責任を伴ったものであり，誰もが行使する権利をもったものです。上のような導入を行うと，子どもは，自由はよいことだけど，すべての人が自由になるのは困ると矛盾して考えていたことに気づきます。そして，「自由って本当にいいことなのか」「自由っていったい何なのだろう」「みんなが自由になってはいけないのか」という疑問をもちます。それが，それまでもっていた子どもの価値観を揺さぶることにつながります。価値観を揺さぶられることは，子どもに「考えてみたい」という興味をもたせます。　（尾崎　正美）

教材に関する補足情報を伝えるスキル

POINT

❶動画や実物で補足する
❷語句の補足をする
❸登場人物の説明をする

教材は，人生経験の異なる子どもたちが，道徳的価値の理解に向けてともに考えていくためにあります。したがって，教材提示の際，教材の内容を全員が理解できるようにすることが必要です。教材によっては，提示の前に教材についての補足説明が必要です。補足の仕方はここに挙げた以外にも音を聞かせたり，イラストを見せたりというようにいろいろとありますが，どの場合においても簡潔に的確にということを心掛けたいものです。長すぎる説明，他の内容項目が協調されるような補足はしないようにしましょう。

①動画や実物で補足する

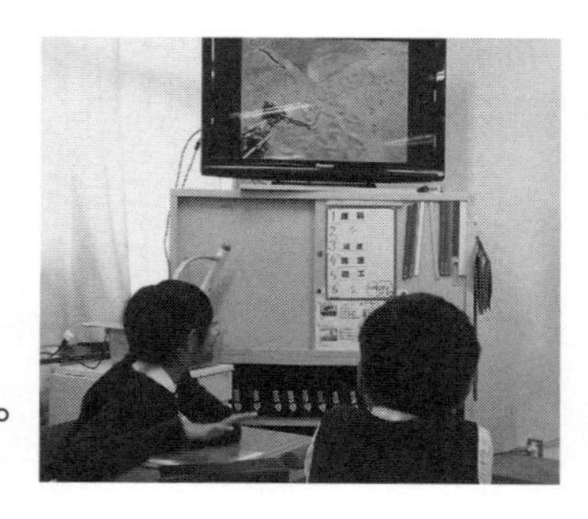

自然愛護や感動，畏敬の念などに関する教材の中には，子どもがイメージしづらい題材もあります。そのようなとき，教材提示の前に写真や動画で捉えさせたいイメージを補足します。教科書会社によって，補足資料を付録として付けていたり，Web 上で提供していたりします。例えば，「いのちをつなぐ岬」（４年生　光村図書）の授業では，ウミガメの卵を保護する活動が教材になっています。子ど

もの中には，ウミガメが砂浜で産卵するということも知らない場合もあります。そこで，補足資料として提供されているNHK for schoolの「アカウミガメが上陸する海岸」を見せます。動画には，ウミガメの我が子への愛情や，真っ暗な夜の海岸を毎日見回っている御前崎の人たちのウミガメへの愛情を感じることができます。

また，可能ならば教材に取り上げられた実物を見せたりふれさせたりすることも大変効果的です。例えば５年生の教材「曲げわっぱから伝わるもの」では，曲げわっぱの弁当箱を見せます。持ってみたい人には，持たせてみます。実際に手にすると，杉の感触や重さ，香りが感じられ，それらを通して秋田県の人々がこの伝統を大切にしている思いまで感じられます。

②語句の補足をする

子どもたちになじみのない言葉が教材の中に使われている場合があります。例えば，４年生の教材「絵はがきと切手」では，料金不足の郵便物の取り扱い方が取り上げられています。その扱い方について説明をしてから教材提示に入ると，内容が理解できやすくなります。また，１年生の教材「二わのことり」では，「やまがら」「みそさざい」「うぐいす」という聞きなれない鳥の名前が出てきます。場面絵に登場するイラストと鳥の名前を対応させたものを用意して黒板に貼り，「このお話には，この３羽の鳥が出てくるよ」と補足して教材を提示します。

③登場人物の説明をする

教材の登場人物が実在の人物だった場合，その人物について簡単に説明してから教材提示をした方が理解しやすいことがあります。写真を見せて，教材に関連のあることだけを簡単に説明します。「この人は，どんなことをした人でしょう」のようにクイズ形式にする必要はありません。無駄な時間を取り，展開での話し合いの時間が減ってしまいます。必要なことだけを簡単に補足するということが，教材の補足の鉄則です。

（尾崎　正美）

授業開始時の考えを整理させるスキル

POINT

❶ノートに書かせる
❷自己評価させる
❸友達との交流場面をつくる

導入では，普段の自分の考えや行動をみつめ，自己の生き方に課題意識をもつことができるようにします。

①ノートに書かせる

導入では今の自分の考えや行動についてノートに書くことを大事にします。自分の考えを自覚することができるからです。このように導入します。

T：自分は友達を大切にできていると思いますか。
C：できていると思います。
C：ときどき，できないこともあります。
T：できていると思った理由，できないこともあると思った理由は何かな。ノートに書いてみましょう。

このとき大事なのは，子どもが自分を見つめ，今の自分は自分の価値観に照らし合わせて考えたとき，どうなのかを考えていくことです。だから，できている，できていないということよりも，そう考えた理由を文字にして書くことを大事にします。

②自己評価させる

自分の考えや行動に自分が満足しているかいないかを判断するのは，必ず自己評価にします。例えば，このようなやりとりがよくあります。

Ｔ　：自分は友達を大切にしていると思いますか。
Ｃ１：あまり大事にできていないと思います。
Ｃ２：えー。Ｃ１さんは，いつも友達にやさしいよ。

友達のよさを認めているすてきなフォローですが，それは，Ｃ１の考えを否定していることになります。Ｃ１は，自分の価値観をもって自分をみつめてあまりできていないと判断しているわけですから，それを認めていきましょう。「Ｃ２さんはＣ１さんが友達を大事にしていると知っているんだね。でも，Ｃ１さんはそう思ったからそれでいいんだよ」と本人の判断を尊重するようにしましょう。自分を見つめて自己評価した結果を認めることが，自己の生き方への興味・関心をもたせることにつながります。

③友達との交流場面をつくる

自分の考えや行動を自己評価し，そう考える理由を言葉にできたら，それを友達と交流します。子どもはここで友達との価値観のずれに気づきます。

Ｃ１：みんなと遊んでいるから，大事にできていると思います。
Ｃ２：私は大事にできていないと思います。それは，ときどき自分の機嫌によってきつく当たってしまうことがあるからです。

Ｃ１は，Ｃ２の発言を聞いて，そういえば，自分も機嫌が悪いときは，友達に冷たく当たるときがあると思い当たるかもしれません。それが課題意識へとつながっていくのです。

（尾崎　正美）

話し合いへの雰囲気を温めるスキル

POINT

❶挙手で傾向を把握する
❷満足感や不満足感に共感する

各自の判断が分かれるような発問をすると，子どもは友達の判断の理由を聞きたくなります。話し合いへの雰囲気を温めるには，友達の考えを聞きたいという子どもの思いを高めることが重要です。

①挙手で傾向を把握する

導入で普段の自分の考えや行動を見つめて，自己評価をしたとき，その評価を挙手して示すようにします。その評価が人によって異なっていれば，子どもは自分と違う考えの友達や，自分から見たその友達の評価と異なる自己評価をしている友達の考えの理由を聞きたいと思います。自己評価を挙手して示すことは，あとの話し合いのきっかけになるのです。

②満足感や不満足感に共感する

導入で，子どもが今の自分の考えや行動について満足感，不満足感をもつ理由は人によって様々です。その様々ある理由を共感的に聞き合うことで，子どもは安心して自己の生き方を見つめながら，道徳の授業を進めることができるようになります。導入では，自己の生き方についての課題意識をもたせることが目的なので，子どもが自身の考えや行動について満足できないことに気づかせることが重要ですが，子どもの不満足感ばかりを取り上げる必要はありません。満足感を感じている子どもの思いも大事にして，全体で共感的に聞きたいものです。共感的に聞き合うためには，教師の関わりも重要になってきます。友情，信頼の導入の教師の関わりを見ていきましょう。

Ｃ１：私は大事にできていると思います。それは，みんなと遊んでいるからです。
Ｔ　：Ｃ１さんの言っていること，自分も同じだなという人いますか。
Ｃ３：ぼくも誰とでも遊んでいるから，大事にできているのかもしれません。
Ｔ　：「かもしれない」ってことは，Ｃ３さんは，できているかどうか迷っていることもあるのかな。
Ｃ３：みんなとは遊んでいるけど，遊んでいるだけで大事にできているかと言うと，そんな気がしなくて…。
Ｃ２：私もＣ３さんに似ていて，遊んでいるだけではどうかなと思います。だから，私は大事にできていないこともあると思っていて，それは，ときどき自分の機嫌によってきつく当たってしまうことがあるからです。
Ｔ　：今，Ｃ２さんの言ってくれたこと，わかるなあという人いますか。
Ｃ４：確かにぼくも，きつい言い方をしちゃうときがあるかも。

教師が，子ども同士の思いを共感的につないでいくことを意識して関わっていくと，子どもは満足感，不満足感どちらの気持ちにも共感することができるようになります。このようにして，導入で自分の思いを受け止めてもらえているという空気をつくりだしていくことは，自分の思いを素直に出し合う授業へとつながっていきます。もちろん，これはどの教科においても大切なことですが，道徳の授業の導入でも毎時間丁寧に心掛けることが大切です。

話し合いへの雰囲気を温めるには，何でも発言できる安心感と，友達の考えを聞いてみたくなる問いかけが重要になってきます。（尾崎　正美）

情感を込めて範読するスキル

POINT

❶トーンとスピードで緩急をつけ，感情を込める
❷間を取ることで，中心場面を引き立たせる

毎週の道徳科の学習を確実に実践するために，避けては通れないのが教科書教材の活用です。そして，子どもたちの教材との出合いの場となるのが，教材の範読です。道徳科における情感を込めた範読には，次の２つのポイントが求められると考えます。

①トーンとスピードで緩急をつけ，感情を込める

範読の基本的スキルとして，まず思い浮かぶのが，感情表現豊かに読むことでしょう。そこで，聞き手の心に響く情感を込めた範読のために必要な条件について考えてみましょう。

範読の対極にある読みのタイプとして，コンピューター等による機械的な声をイメージしてみましょう。音声合成技術による機械的な声は，一切の感情が排除されたように感じられます。それは，声のトーンや発話スピードが一定で，規則正しく淡々と進んでいくことが要因だと考えられます。

そして，機械的な声に感情表現を盛り込もうとすると，ビブラートやブレス，ほんのわずかな発話のずらしといった非効率で無駄な諸要素を，あえてプログラミングしなければなりません。感情表現とは，読み手や聞き手の感情が宿る場をつくることなのです。

つまり，情感のこもった範読のためには，声のトーンや読みのスピードを

変え，感情が入り込むすき間をつくることが必要なのです。

声のトーンの高低を変えることによって表現できるのは，「年齢」や「人物の心情」などです。トーンが高ければ明るく活動的な様子を，低いほど落ち着いた雰囲気を聞き手に印象づけることができます。

また，読みのスピードの違いで，心の落ち着きの度合いを表現することができます。速ければ緊迫感を，ゆっくりならば安心感を，聞き手に感じさせることができます。

トーンとスピード，この2つを織り込むことが，情感を込めた範読のための第一歩です。

②間を取ることで，中心場面を引き立たせる

範読では，特に教材の中心となる場面を引き立たせたいと考えるものです。もちろん，抑揚をつけて流れるように読むことも大切なのですが，あえてそのセオリーを外すこともあります。

それは，中心場面に差しかかったとき，範読に空白の時間をつくることです。子どもたちが，「えっ？先生どうしたの？」と思うくらいの間を意識してとるのです。

その間には，中心場面を引き立たせるという役割があります。子どもたちは，間によって中心場面に意識を向けるとともに，自らの思いや考えをめぐらすきっかけにもなります。教師が感情を込める間と，子どもが感情移入するための間が一体化することで，情感を込めた範読になります。

（木原　一彰）

小道具を用いて提示するスキル

POINT

❶シンプルで動きのある小道具にする
❷挿絵等の裏面を有効に活用する

教材を提示する方法の１つとして，ペープサートや挿絵などの小道具を用いることがあります。教材文を読むことが難しい入学当初の１年生だけでなく，教材文の読み取りを避け，豊かに考える道徳科の授業とするためにも必要なことです。このスキルで留意したいのが，次の２つのポイントです。

①シンプルで動きのある小道具にする

ペープサートや場面絵などを用いて教材を提示する場合，教材文にある挿絵を参考にしながら小道具を作成します。この時に大切にしたいのが，小道具自体のシンプルさと，動きが感じられる工夫です。

下の写真は「かぼちゃのつる」で用いた小道具です。右の挿絵は，調子よくつるを伸ばす場面，中の挿絵は，周りから注意されてもどんどんつるを伸ばしていく場面，左の挿絵はつるが切られてしまった場面です。それぞれの場面のつるの様子は，緑色の紙テープで表現し，自由に伸ばしたり切ったりすることによって，動きをつけています。

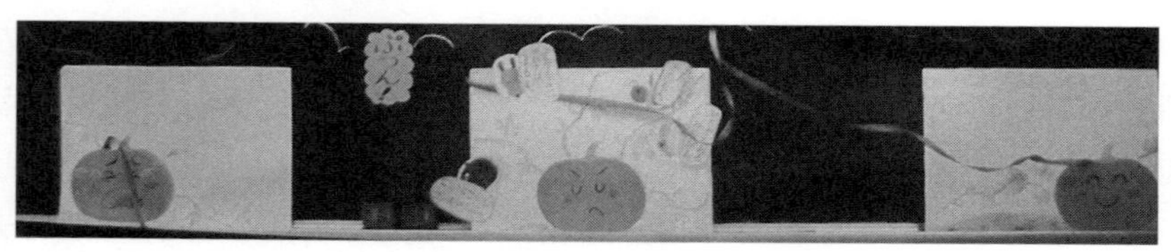

小道具を用いた教材提示の場合，教材文の内容を視覚的に補うことが大切ですから，動きを表現できるような工夫が必要です。しかし，複雑な構造や凝ったつくりのものが必要かといえば，決してそんなことはありません。手足の関節が自由に動くオオカミをかたどった人形を小道具として用いた授業を見たことがありますが，人形の動きを教材に合わせるのに四苦八苦しているようでは本末転倒だと感じました。小道具が主役になるのではなく，教材を補うための手段として，構造はシンプルにしながらも，動きのあるものをつくりたいものです。

②挿絵等の裏面を有効に活用する

教材に関する小道具や掲示物を作成する際に，絵の裏面に板磁石を貼ることが一般的だと思います。しかし，小道具に動きをつけたり，手軽に変化を示したりするために，裏面を有効活用する方法があります。

右の写真は「黄色いベンチ」の板書の一部です。紙飛行機は，裏面にも同じ絵をかいて磁石を挟み込むことで，どの方向にも向けることができるようにしています。また，男の子たちの絵にも同じように磁石を挟み込んでいますが，表面は楽しく紙飛行機を飛ばす表情，裏面は反省したような困った顔を描いています。

いくつもの小道具や掲示物を用意すればよいように思えますが，小道具が多くなるほど雑然として，教材の提示という主目的が達成されづらくなります。掲示物の数をおさえつつ，動きのある効果的な小道具の活用のために，挿絵などの裏面を活用することをお勧めします。（挿絵出典：文渓堂）

（木原　一彰）

再現構成法で提示するスキル

POINT

❶子どものイメージをふくらませながら教材提示する
❷紙芝居や一枚絵を活用する

再現構成法とは，教師の語りと補助教材によって，子どもたちが教材の世界を主体的にイメージしながら再現し，構成していけるよう援助する教材提示方法です。子どもたちの主体性と意欲を強く喚起するこの教材提示スキルで留意したいのが，次の２つのポイントです。

①子どものイメージをふくらませながら教材提示する

再現構成法では，教材文は子どもたちの手元にありません。教師が挿絵やBGMを活用しながら教材を語り，場面ごとに子どもたちに問いかけながら学習を進めていきます。子どもたちは，それぞれの場面で，自分ならどんな気持ちになるか想像したり，どのような行動をとるかを考えたりしながら，教材に対するイメージを主体的にふくらませていきます。

ここで大切なのは，子どもたちの発言に可能な限り

制約をかけないで自由に語れるようにすることです。「手を挙げて，指名をして…」という発表である必要はありません。むしろ，子どもたちの素直なつぶやきを大切にしながら進めるとよいでしょう。子どもたちの判断や心情を表出しやすくすることで，教材の示す中心的な問いについても，自ら主体的に考えようとする意欲が高まります。

②紙芝居や一枚絵を活用する

再現構成法では，紙芝居のようにして教材を提示することが多いです。子どもたちにとって，考える場面が明確でイメージがつかみやすいからです。このやり方に慣れてきたら，大きな一枚絵を使って教材提示をすることもおすすめです。

下の写真は，「メイとケンプ」を再現構成法で教材提示した授業の様子です。一枚絵を印刷したロール模造紙を，少しずつ開きながら教材を語り，子どもたちのイメージをふくらませていきました。再現構成法では，教師の語りと子どもたちのつぶやきや発言を最も大切にしたいので，複数の挿絵ではなく，話のつながりと一体感が感じられる一枚絵で進めることは，たいへん効果的な手法です。

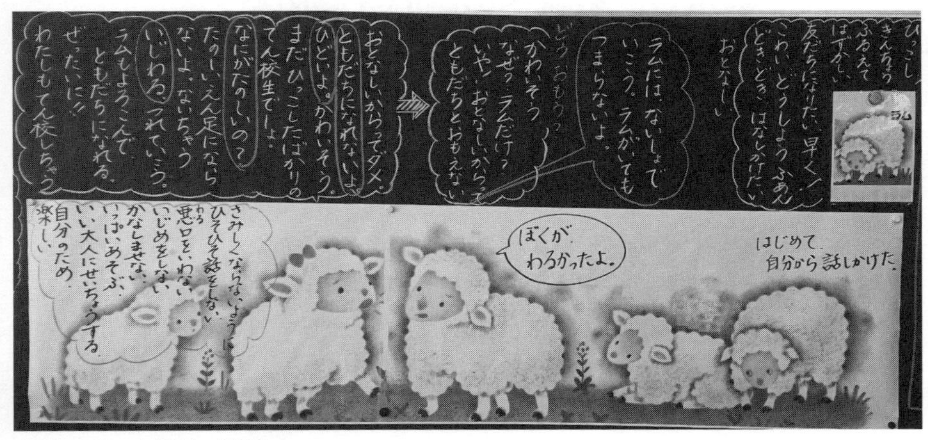

（挿絵出典：文渓堂，学研）

（木原　一彰）

一部分を抜き出して提示するスキル

POINT

❶導入で提示し，教材への関心を高める
❷道徳的問題を整理し，子どもの思考を焦点化する

道徳科の授業で教材提示の工夫について考えるとき，教科書教材に別のものを加えていこうとする「たし算」的な思考になりがちです。しかし時には，教科書教材そのものから挿絵や写真を抜き出したり，あえて教材の一部しか提示しなかったりする「ひき算」的な思考が効果的な工夫となることもあります。この教材提示スキルで示す２つのポイントは，それぞれ活用場面が限られます。

①導入で提示し，教材への関心を高める

道徳科の授業では，導入で，本時の道徳的価値への方向づけをする場合と，子どもたちの教材への興味や関心を高めたり，認識を確かめたりする場合とがあります。後者の場合，教材の挿絵や文章の一部を取り出して提示することが有効です。

例えば，人物教材の場合では，教材に登場する人物の挿絵や写真を提示します。著名な人物なら，子どもたちが知っていることを問うとよいでしょうし，子どもたちにとってあまりなじみのない人物なら，写真や挿絵から受ける印象について意見交流するのもおもしろいでしょう。

その他の教材でも，教材に示された問題を象徴する写真や挿絵を提示することで，子どもたちに問題意識を醸成することができます。特に，現代的な

諸課題について考える教材の場合は，その問題を象徴する写真が掲載されています。それを拡大して提示することで，本時の教材への関心や問題について考える意欲を引き出すことができます。

②道徳的問題を整理し，子どもの思考を焦点化する

教材の中には，示された状況が複雑で，全体を提示しただけでは子どもたちが理解できないものがあります。そういったときには，教材全体ではなく，問題場面だけを提示して状況を整理することが有効です。

下の板書は，「みんなの自由な公園」（ココロ部！・NHK for School）という10分の映像教材ものです。公園の様々な利用者の立場と不満とが交錯する中で，公園管理者である主人公がどのような判断をするかという内容ですが，この教材をそのまま提示したのでは，利用者それぞれの立場と関係性が整理できないままで，授業を進めることになります。

そこで，公園利用者の主張と関係性がわかる教材の前半部だけ提示し，挿絵を用いて子どもたちとそれぞれの関係性を整理しました。

そうすることで，子どもたちはこの公園利用者たちを取り巻く問題について整理し，どうすれば解決できるかについて考えようとする方向に向かうことができました。その結果，教材の後半部を提示しなくても，子どもたちはこの学習で考えるべき問題を見出し，多様な意見の交流を通して考えを深めることができました。

このスキルの有効な活用法は，「教材への関心を引き出すため」か，「教材に示された問題を整理するため」かに限定されると考えてよいでしょう。

（木原　一彰）

結末を見せずに提示するスキル

POINT

❶行為や判断の多様性を開く問いを設定する
❷納得解から共通了解へと子どもたちの考えを紡ぐ

多くの教科書に採用されている教材であっても，会社によって教材文の構成が違うことがあります。「教材に結末が書かれているか否か」ということも，その１つです。道徳科の学習に有効に活用されるなら，教材の結末を見せない提示をしてもよいでしょう。ただし，結末を示さないという選択にどのような意味があるかを理解したうえで，授業を構想したいものです。

①行為や判断の多様性を開く問いを設定する

教材の結末部分をあえて見せないことを選択するのは，子どもたちが教材に示された問題について，行為や判断を多様に考えることを学習の中心に位置づけるためです。

定番教材である「絵はがきと切手」で考えてみましょう。教科書に掲載されている教材文の多くは，「主人公が友達の料金不足を伝える」という結末まで示しています。その「伝える」という行為のもつ意味について考えるならば，教材の結末まで示すべきでしょう。しかし，主人公にどのような道徳的判断や行為の可能性があるかについて考えるならば，示された結末は「求めるべき正解」でしかありません。そして，子どもたちの多様な思考を阻害することになります。

結末を見せずに教材を提示する授業を構想する場合，子どもたちが多様な行為や判断の可能性を検討できる問いを中心発問として位置づけることが必要です。

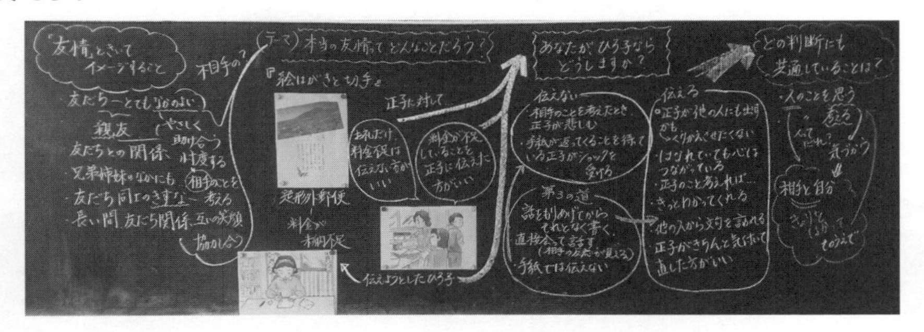

この板書の授業では，主人公を取り巻く状況を確認したうえで，「あなたが主人公ならどうしますか？」と問いました。料金不足を伝えるかどうかだけでなく，実現可能なその他の行為や判断にまで開く問いとしました。

②納得解から共通了解へと子どもたちの考えを紡ぐ

多様な行為や判断の可能性について考え，検討することで，道徳的判断や行為についての子どもたち一人ひとりの認識を深めることができます。それは，１つの道徳的問題に対する自分自身の納得解を見出すことといえます。しかし，それだけでは，少し物足りない部分もあります。

そこで，子どもたち一人ひとりの納得解から，本時の学習の共通了解を見出す活動を取り入れます。それぞれの意見の違いのなかにも，互いに理解し合える部分を見出すのです。

「絵はがきと切手」の学習では，授業の後半に「どの判断にも共通しているのは，どんな思いだろうか？」と問いました。中心発問で多様に考えた子どもたちの納得解から，その根底にあるものを見出すための問いです。子どもたちは，「友情とは，人のことを思い，考えること」と「行為や判断の違いは，友達との距離感から生まれていること」を見出し，この学習の共通了解としました。

（木原　一彰）

子どもの考えから学習問題を導くスキル

POINT

❶問題・テーマに応じて問いかけを変える
❷「めあて」と「問い」を使い分ける

子どもの考えから学習問題を導くことで，主体的な学びが期待できます。とても重要な授業スキルと言えます。教材や道徳的事象に主体的に関わる力や，問題を見つける力。これらを子どもたちが身につけることで，主体的な学び手へと成長できるようにしたいものです。

①問題・テーマに応じて問いかけを変える

まずは，どんな学習問題があるのかを押さえましょう。様々に考えられますが，今回は下の４つのとらえを元に検討しましょう。

生活テーマ	例）きまりは，何のためにあるのだろう
社会テーマ	例）差別をなくすためには，どうすればよいのだろう
教材テーマ	例）よわむし太郎は，なぜとの様の前に立ったのだろう
価値テーマ	例）本当の友情とは，どんなものだろう

身近な生活の問題から導く生活テーマ，社会の諸問題から導く社会テーマは，導入で学習問題を設定することが多くなります。例えば，生活テーマだったら，乱雑な部屋や時間がなくて慌てている様子のイラストを提示し，「どう思う？」などと感想を問います。社会テーマだったら，図書館から破損本を取り寄せて提示し，同様に感想を問います。活躍したスポーツ選手の

新聞記事を提示して「すごいなあ。どうしてここまでできたのだろう」と，憧れや不思議さから問題を設定することもできます。

教材テーマは，基本的に教材を読み聞かせた後に，「このお話を読んで，心に残ったことや，みんなで考えてみたいことは何だろう」などと投げかけ，その感想から学習問題を導きます。上のように教材の全体を問うことだけでなく，「この主人公をどう思うかな」と，人物の態度や行動に焦点化した方がテーマを導きやすい教材もあります。

価値テーマは，導入の提示でも，教材の感想からでも学習問題を導けます。例えば，「ピエロがサムを許したことが心に残ったんだね。今日は広い心のもちようを考えよう」と投げかけるなど，登場人物の行為や態度の土台にある価値を学習テーマとして引き出すことも考えられます。

生活・社会テーマ	…新聞記事，写真，グラフ，実物，アンケート結果など，多彩な導入の仕掛けから導くことが多い。
教材テーマ	…教材の感想や投げかけから導く。問いかけも多様に工夫する。
価値テーマ	…導入の仕掛けや教材の感想や投げかけから導く。

②「めあて」と「問い」を使い分ける

学習問題を「めあて」と「問い」に分ける考え方もあります。「めあて」の学習問題は「人の心の美しさについて考えよう」など，その活動自体が解決と言えます。「問い」の学習問題は「心のコントロールはどうすればできるのだろう」など，多種多様な答えが学習の中で展開され，最後は自分なりの答え，解決を見出します。問題を出したからには，解決まで届けたいものです。生き方を追求する道徳科では「問い」の学習問題が中心になると考えられますが，教材や学習内容に応じて適切に「めあて」と使い分けましょう。

（野村　宏行）

登場人物について共感的に考えさせるスキル

POINT

❶判断，心情，態度で発問を考える
❷瞬間か一定の時間かを使い分ける
❸仮定で問う

登場人物に共感的に考えることで，子どもは自然に自分の価値観に基づいた感じ方・考え方を表出できます。それは意識的・無意識的にも行われます。「自我関与」とも呼ばれる，道徳授業で大切にされてきた発問です。

①判断，心情，態度で発問を考える

道徳科の授業を構想する際は，中心的な発問から決めると考えやすい，とされています。発問の言葉を考えるときは，目指す道徳性の諸様相（道徳的判断力，心情，実践意欲と態度）と照らし合わせることが肝要です。道徳的判断力を育てる授業なら，どのような考えや判断だったのかを問いましょう。次々頁の分析的な発問も効果的です。道徳的心情を育てる授業なら，どのような思いや気持ちだったのかを問います。道徳的実践意欲と態度を育てる授業なら，人物が大切にしていたことや人としての構えなどを問います。

また，教材での話し合いの後に，自己を見つめる発問を行う際は，中心的な発問と自己を見つめる発問を結びつけることで，教材での思考が生きます。例えば，教材で「相手を理解できたときの気持ち」を中心的に考えた後には，自己を見つめる発問として，「相手の気持ちを理解できたときの気持ち」を問うと，教材の思考を生かして，自己を深く見つめられるでしょう。

ねらいとする道徳性の諸様相	問うこと	発問例
道徳的判断力	考えや判断，分析的発問	・～したのは，どんな考えがあったからか。 ・～したとき，どんなことを考えていたのか。
道徳的心情	思いや気持ち	・～したとき，どんな思いでそうしたのか。 ・どんな気持ちだったのだろうか。
道徳的実践意欲と態度	人としての構えなど	・△が大切にした生き方とはどんな生き方か。 ・△を支えたものは何か。

発問を考えたら，「予想される子どもの考え」を授業者がリストアップしましょう。「子どもが考えやすいか」，「考えごたえがあるか」といった視点から発問を吟味して，深い学びにつながる発問を構成したいものです。

②瞬間か一定の時間かを使い分ける

その人物の，瞬間の感じ方・考え方を問うのか，一定の時間での感じ方・考え方を問うのかで，子どもの思考は変わります。例えば，「瞬間」を問う発問「赤おにが手を振り上げたそのとき，どんなことが心に浮かんだのか」なら，赤おにが大切にしていることが「ハッと」思い浮かぶのでしょう。例えば，「一定の時間」を問う発問「進一郎は，部屋の中でどんなことを考えていたのか」なら，前向きな考え，後ろ向きな考えが様々に浮かんでは消えたのでしょう。発問の意図に応じて，使い分けると授業に幅が出ます。

③仮定で問う

教材にはいない人物を仮定で登場させたり，ない場面を設定して問うたりすることもできます。例えば，「部屋で考える」場面が教材文になくても，「この後，１人で部屋で考えたとしたら，どう考えたのかな」と問うのです。また，仮定として，「お話ではこうなったけど，もし○○だったら，どんな気持ちだったろう」と問うこともできます。自由で柔軟な発想で，深く考える発問を工夫し，子どもと一緒に大いに楽しみましょう。　（野村　宏行）

行為の原因や理由について分析的に考えさせるスキル

POINT

❶大きな発問を取り入れる
❷考えを類別整理して示す・さらに選ぶ

「なぜだろう」「何だろう」と客観的に問うことで，多面的思考を促すことができます。知的な思考も必要とされる発問ですが，思考力・判断力を高めることにもつながる効果的な発問と言えます。

①大きな発問を取り入れる

分析的な発問は，「なぜAはBのような行動をしたのだろう」，「Cのようなことが起きた原因は何だろう」など，教材中の登場人物や事象を客観的に捉えて考えさせます。「Bとはどんな行動か」や，「Cとはどんなことか」など，状況を把握するための発問は避けて，思考に役立つ状況を教師が示しましょう。状況把握の発問は読み取りの学習になり，道徳の思考に子どもが専念できないことが多いからです。

問う内容は上に示した「登場人物の行為」に加えて，「教材」，「価値」など，より大きな内容を問うと，さらに授業の幅が広がります。

・問いの大きさを意識した発問例

「登場人物を問う」…なぜ，高橋尚子さんは陸上の練習を続けられたのか。
「教材を問う」…花さき山を読んで，心に残ったこととその理由は何か。
「価値を問う」…「広い心」は，なぜ大切なのか（難しいのか）。

②考えを類別整理して示す・さらに選ぶ

これから紹介する方法は，どんな発問にも生かすことができますが，特に共感的・分析的な発問で効果的です。

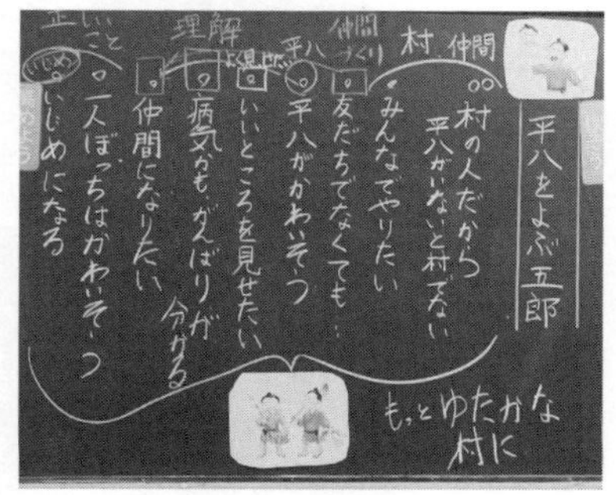

右の写真のように，子どもからでた考えを類別整理して示します。整理した考えは，色チョークでキーワードを付けましょう。その際は，色の見え方が個人で異なる可能性も配慮します。

キーワードで分けることで，子どもは学級でどんな考えが表されたのかを，より把握しやすくなります。

類別整理をするには，事前の準備が大切です。どんな考えが表されるのかを予想しておきましょう。右は研究授業の指導案例です。予想することで，子どもが予想外の発言をしても，「授業者よりも子どもが深く考えたなあ」と，余裕をもって，むしろ喜びをもって対応できます。

◎「みんなで祝いたい」と言う五郎は，どんなことを考えていたのか。
- 平八も村の仲間だ。・みんなで仲よくしたい。（仲間）
- 仲間外れはかわいそうだ。（差別）
- 自分が平八だったら，悲しい。（自分なら）
- 助けてあげられるのは，自分だけだ。（正義感）

私は，類別整理をして示した際には，「あなた自身には，どの色の理由（気持ち）が強いと思うかな」と，子どもが自分を見つめて考えるように投げかけています。

発問を続けて，右の写真のように名前マグネットで自分の立ち位置を明らかにして，さらに吟味・検討する授業も可能です。みんなで検討し，自分で決める，２段階の発問になります。

（野村　宏行）

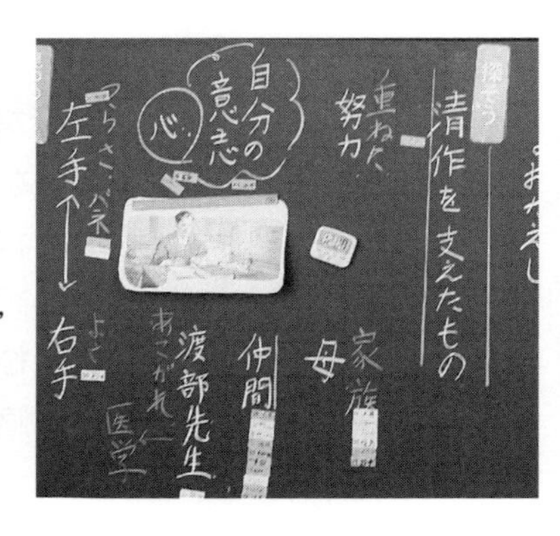

発　問

自分が主人公だったら…と投影的に考えさせるスキル

POINT

❶「できる・できない」を語り合う風土をつくる
❷共感と合わせる
❸「主人公なら」，「その場にいたら」を使い分ける

「『自分だったら…』と問うと，子どもが本音を語らない」という不安を聞くことがあります。私は「自分だったらどう？」と，よく問いかけます。すると，子どもたちは実によく自分に向き合い，自分のことを語ってくれます。自分自身を語ることは，生き方を学ぶ道徳科では，大切な学びではないでしょうか。子どもの心，学ぶ力を信じて，挑戦してみましょう。

①「できる・できない」を語り合う風土をつくる

まずは，「道徳は，自分のことを考える時間なんだ」という意識を子どもにもたせることから始めましょう。道徳オリエンテーションで，そのことを伝えることも効果的です。

これはスキルというより，授業に対する教師の基本的な構えですが，「子どもの発言を受容的に聞く姿勢をもつ」ことを，道徳の授業だけでなく，日頃から心がけることが大切です。望ましいとされる考えだけではなく，例えば，「さぼって楽をしたい」というようなマイナスの考えがでても，「そうだよね。楽ができるならしたいよね」などと，子どもの考えを尊重しながら，その発言の背景にある道徳的価値のよさや実現の難しさを，教師が言語化していきましょう。

道徳で自分のことを考え，語ることの楽しさやよさを子どもが感じると，「できる自分」，「できない自分」を素直に語るようになります。例えば，５年生の授業でこんなことがありました。

Ｔ：あなたがトットちゃんなら，病気が治っていない子に行って声をかけますか。

Ｃ：行きたいけど，あんまり知らない子だし，勇気がでないから行けないなあ。

Ｔ：確かに，身近な人かそうでないかで，親切のしやすさって違いますね。声をかけることも勇気がいります。できないなあ，って自分を見つめる○さんは，勇気があって強いと思いますよ。とてもよい学び方ですね。

②共感と合わせる

登場人物への共感の後，「あなた自身はどう？」と問うこともあります。そこで子どもは，できない自分にも向き合って発言しています。例えば，「みなさんも，目標を立てたはいいけど，割とすぐにやめてしまうことってありませんか」と聞くと，「そう，ある！」「わかる～」と返してくれます。それにより，道徳的価値の実現の難しさを，より，自分に重ねて考えられます。

「自分だったら…」と，考えることで，共感がより深まるのです。「共感」と「自分だったら…」が混在する思考になり，混乱しそうに思えますが，子どもは不便なくできています。子どもの学び方を鍛えることも大切です。

③「主人公なら」，「その場にいたら」を使い分ける

「自分が主人公なら」と問うと，子どもは主人公に自分を重ね合わせて考えます。「その場に自分がいたら」と問うと，第三者として自分がいたら，どのように思い，行動するのかを考えます。教材の内容と指導の意図により，使い分けましょう。

（野村　宏行）

主人公や教材に対する考えを批判的に問うスキル

POINT

❶名前マグネットで，自分の立ち位置を明らかにする
❷意図的指名を生かす
❸学習を広く見渡す問いを行う

教材や道徳的事象，道徳的価値について「自分はこう考える」ことを表すことは，楽しい活動です。どの学年でも効果的ですが，特に高学年や中学校では，子どもの価値観に根差した，多角的な考えを引き出すことが期待できます。

①名前マグネットで，自分の立ち位置を明らかにする

「自分はどう思うか」を，名前マグネットの位置で表すと，「賛成―反対」の２つだけでなく，自分の価値観に根差した多様な考えが表されます。

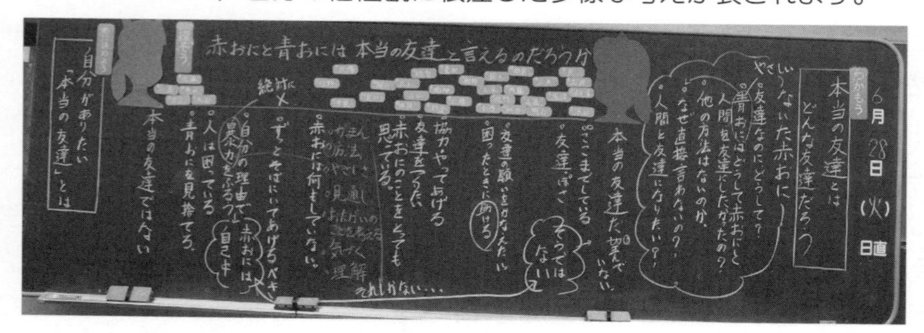

この板書は，６年生で「ないた赤おに」を活用して授業したときのものです。中心的な発問で「赤おにと青おには本当の友達と言えるのだろうか」と

聞きました。「本当の友達と言える」と考える子どもは，右側に名前マグネットを貼ります。「そうではない」と考える子どもは左側に貼ります。右端から左端のどこに名前マグネットを貼るかで，自分の考えを表すのです。子どもたちの価値観に根差した考えが，よく表される方法と言えます。

②意図的指名を生かす

名前マグネットで考えを表すと，意図的指名に生かしやすいです。

意図的指名のメリット
- 指導の意図で，広く意見を聞くことができる（名前マグネットの位置が手掛かりになる）。
- 普段あまり発言しない子どもの考えを聞くことができる。
- 効率的に時間を使うことができる。

もちろん特別な支援については配慮しながらも，「誰を指名しても答えられる」という学び方を，学校生活全体で指導していくことが必要です。指名されることを待っている子どもも，割と多いと感じています。

③学習を広く見渡す問いを行う

「自分はどう考えるか」という発問のよさは客観的に考えられることです。「主人公に足りない心は何か」，「どのように行動すべきだと思うか」など，批判的な問いも大いに挑戦しましょう。すると，「自分はさておき」と，自由に考えられますが，道徳科は自分との関わりで考えることが重要です。そこで私は「学習を広く見渡す問い」で補完することが多くあります。例えば「学習感想」を書かせると，子どもはしっかりと自分の至らなさや今後への期待を見つめていることがわかります。「自分が特に大切にしたいこと」など，焦点化して問うことも効果的です。

（野村　宏行）

発　問

比較を通して考えさせるスキル

POINT

❶複数の立場からの考えを比較する
❷学級を複数に分けて違う問いをする
❸時間の前後で比較する

比較により，多面的・多角的思考を促すことができます。子どもたちに，様々な立ち位置から考える機会を設定しましょう。そして，その立ち位置からの比較で見えること，わかることを，教師が整理することが大切です。

①複数の立場からの考えを比較する

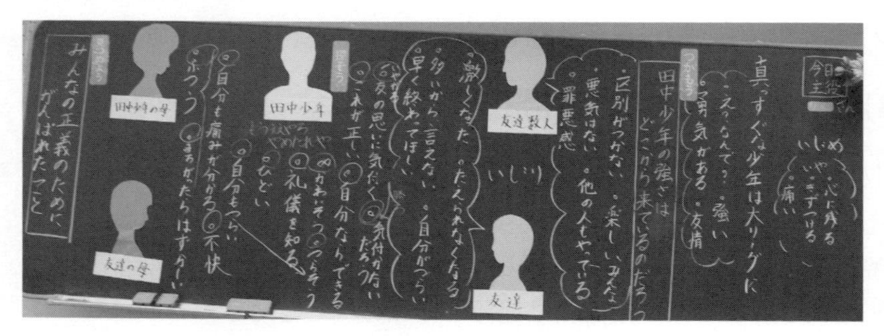

上の写真は，考えの比較を大切にした6年生の授業の板書です。「いじっている人」と「いじられている人」の思いを問うて，それを比較しました。いじっている方は軽い気持ちでも，いじられている方はとても辛く，怖いことが比較を通してわかりました。他にも，「決まりを守っている人（やぶっている人）」と，「その人の周りの人」の思いを比較したり，「家族のために

働く（働かない）人」と「その家族」の思いを比較したりと，道徳的事象（今回の例なら，「いじめ」，「規則を守ること」，「家族のための働き」）に関わる様々な人の感じ方，考え方に発問を通して触れ，それらを比較します。その比較が，主に多面的な考えを深めます。

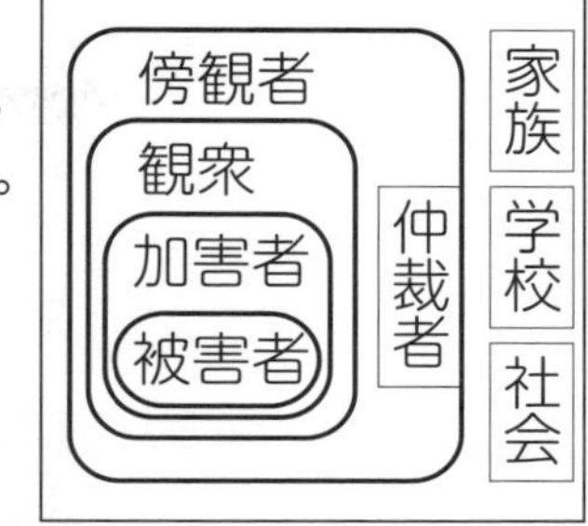

右の図はいじめの構造図に家族，学校，社会を加えたものです。誰と誰を比較するかを考えるだけでも，実に多様な可能性があることがわかります。子どもの多面的思考を促すために，道徳的事象に関わる人を洗い出し，効果的な比較の組み合わせを考えることも楽しい作業です。

②学級を複数に分けて違う問いをする

左の板書の授業では「加害者」，「被害者」，「仲裁者」，「被害者の母」，「仲裁者の母」の思いや考えを問いました。順にこの５名について問うたら，授業が間延びします。そこで学級を右と左で分けて，違う問いをしました。発問①では「加害者」と「被害者」の２つを同時に問いました。発問②は全員で「仲裁者」の判断を考えます。発問③では再び学級を分けて，「被害者の母」と「仲裁者の母」について考えました。時間の短縮や，比較を浮き彫りにする効果もありますが，子どもの思考や学び方が若干複雑になるので，教師や子どもの慣れが必要な技術と言えます。

この事例では単純に学級を分割しましたが，他にも，何人かの人物から，誰について考えるかを子どもたちが決めることもあります。

③時間の前後で比較する

道徳的価値が「実現される前」と「実現された後」を比較する問いも，道徳ではよく行われます。こちらは，一人の人物の，時間の前後での変化を多面的・多角的に考えることになります。比較により，人間理解と価値理解が浮き彫りになるよさがある方法です。

（野村　宏行）

発 問

子どもの考えを生かし問い返すスキル

POINT

❶意見の根拠を問う
❷反対の意見を問う
❸違う立場や仮定から問う

子どもの意見を，教師が「いい意見だね」と聞いて板書していくだけでは，学びがいが得られにくいものです。意見の根本にある子どもの価値観に気づかせたり，違う視点から考えたりすることが，深い学びにつながります。そのためには，教師が適切に問い返し，学びを深めていくことが大切です。

①意見の根拠を問う

私は，子どもの意見はまず「受け止め」，必要に応じて意見の根拠を問い返します。子どもの意見を教師は共感的に聞いて，「なるほど」，「優しい考えだね」，「そうだよね，なかなかできないよね」などと，温かく受け止めたいものです。

その上で，子どもの意見の背景にある思いや理由を知りたい場合は「どうしてそう思ったの？」などと，その根拠を問います。この問い返しにより，子どもはさらに自分を見つめて考えることができます。

問い返して終わりではありません。「子どもの意見の中にある道徳的価値に関わる考え」を整理して，学びを確かめ，全体に伝えます。また，「道徳のよい学び方」を伝えます。「自分だったら…と考えている」，「複数の視点から考えている」など，道徳としてよい学びをしている姿を，認め，励まし，学級全体の道徳を学ぶ力を育みます。

・問い返しのイメージ（問：主人公が植物に水をやるときの思い）

水やりを忘れないようにしようっと。

①なるほど，忘れることについて，考えたんだね。
②どうしてそう思ったの？

受け止める

問い返す

前に，お花に水をあげなくて，カラカラになってかわいそうだったから。

③自分のことを思い出して考えたんだね。そうしたら，お花のお世話について，よくわかるよね。
④よい学び方だね。みんなにも似たようなことはあるんじゃない？

①学びを確かめる

②認め，励ます

②反対の意見を問う

「プラスの意見しかでないことがあります。どうすればよいでしょう？」という質問を何度か受けました。その場合は，「そういう前向きな気持ちでがんばったんだね。でも，後ろ向きな考えもあったんじゃない？」などと問い返すと，違った視点の意見を述べることが多くあります。逆にマイナスの意見が多いときに，プラスの意見がないかを問い返すこともあります。意見を広げたいときには，子どもに反対の視点で考えさせる問い返しも効果的です。ただ，教師の方向性に子どもの思考を引きずらないことは，道徳の授業全体として配慮しましょう。

③違う立場や仮定から問う

道徳的事象は，様々な立場の人が関わり表れます。そこで，「今はAから考えたけど，Bの立場で考えるとどうかな」と，違う立場から問い返すこともあります。また，「たまたまうまくいったけど，もし失敗したらどうだったかな」など，仮定から違う可能性について考えることもあります。いずれも，多面的思考につながる問い返しとなります。

（野村　宏行）

場面ごとの共感から中心発問につなげるスキル

POINT

❶「なぜだろう？」「何だろう？」をつくる
❷「自分ならどうするだろう？」をつくる

「場面ごとの共感」とは，教材中の各場面における登場人物の気持ちや考えを想像して，登場人物に自分自身を重ねることです。登場人物の置かれている状況や立場を理解しなければ，気持ちや考えは想像することができません。言い換えるならば，「場面理解」が求められることになります。しかし，場面理解だけでは，問題意識は生まれません。教師が「なぜだろう？」「何だろう？」「自分ならどうするだろう？」などの中心発問を取り入れることで子どもに問題意識をもたせることができます。

①「なぜだろう？」「何だろう？」をつくる

場面理解が必要になるのは，教材提示後です。ねらいに即して，登場人物の気持ちや考えを問う場合，「○○はどんな気持ちだろう？」「○○はどんなことを考えているだろう？」などの発問が考えられます。ただ闇雲に発問するのではなく，登場人物の気持ちや考えの起承転結を意識し，中心発問に導くための発問構成を行いましょう。そして，中心発問では，登場人物の行為や判断などの意味を問うために「なぜ，○○は～したのだろう？」「○○を支える思いとは何だろう？」などの問いを投げかけることができます。それでは，具体的に教材で考えてみましょう。

主題名：よりよい家族のあり方とは【家族愛，家庭生活の充実】
教材名：「お母さんのせいきゅう書」（東京書籍　第４学年）
ねらい：自分の生活が家族に支えられていることに気づくことで，自分も家族の１人として明るい家庭生活をつくっていこうとする意欲を高める。
発問例：❶たかしは，どんな思いで「お母さんへのせいきゅう書」を書いていただろう？
❷なぜ，お母さんは請求書に０円と書いたのだろう？
❸涙が溢れてきたたかしは，どんなことを考えていただろう？

②「自分ならどうするだろう？」をつくる

「なぜだろう？」「何だろう？」と比べて，「自分ならどうするだろう？」の方が，子ども同士の議論が盛り上がるはずです。しかし，場面理解のない意見は，意見同士がつながらず，単なる発表で終わってしまうので注意が必要です。それでは，具体的に教材で考えてみましょう。

主題名：きまりにどう向き合うか【自律，自由と責任】【規則の尊重】
教材名：「星野君の二るい打」（東京書籍）
発問例：きまりの意義を理解しながら行動したり，自分の意思をもって自律的に行動したりする判断力を育てる。
発問例：❶星野君はうつむきながらどんなことを考えていただろう？
❷もし，自分がチャンスの場面でバッターボックスに立った星野君だったらどうするだろう？
❸星野君はどうするべきだっただろう？

（幸阪　創平）

問題追求を仕立てる

価値に関するテーマで追求を仕立てるスキル

POINT

❶登場人物との価値観のズレから価値観を見直させる
❷仲間との価値観のズレから価値観を見直させる

「価値に関するテーマで追求を仕立てる」とは，内容項目に示されている誠実や友情，生命尊重などを直接的に考えさせていくことで，子どもに問題意識をもたせることです。ポイントは，今までの自分の価値観だけでは解釈できなかったり，解決できなかったりすることに気づかせることです。それによって，問題意識を生み出します。そのために，登場人物と自分，学級の仲間と自分との価値観を引き出し，比較させることが大切です。

①登場人物との価値観のズレから価値観を見直させる

まず，導入が大切です。導入で，子どもの価値観を引き出します。「○○とはどういう意味だろう？」「○○すれば，どんなよいことがあるだろう？」など，○○の中に道徳的価値に関するキーワードを入れて発問します。また，「どうしてそう思ったの？」「同じ考えや違う考えはある？」「そういう経験があるの？」など子どもの発言に対して問い返すことがポイントです。

展開で教材を提示後，登場人物の行為や判断の内容は，果たして導入における自分自身の価値観と重なるかどうか考えさせます。仮に異なっていた場合，登場人物の行動や判断は道徳的価値に正対しているのか，そうでないのか議論させます。そうすることで，新たな価値観があることに気づかせることができます。それでは，具体的に教材で考えてみましょう。

主題名：自分の心に向き合うとは【正直，誠実】
教材名：「手品師」（東京書籍　第６学年）
ねらい：誠実であることのよさを理解することで，誠実に明るい心で生活しようとする心情を育てる。
発問例：❶誠実な人とはどんな人だろう？
❷（教材提示後）手品師は誠実な人だろうか？
❸今後，手品師はどのような人生を送るだろう？

②仲間との価値観のズレから価値観を見直させる

子ども同士の意見の相違から問題意識が生まれ，学習問題が設定されることがあります。子ども同士の価値観のズレは，新しい価値観を気づかせる機会となります。このような授業では，黒板に子どもにネームプレートを貼らせ，自分の立場を可視化させることで議論を円滑に進めていくことができます。それでは，具体的に教材で考えてみましょう。

主題名：本当の友情と偽りの友情とは【友情，信頼】
教材名：「ロレンゾの友達」（学研教育みらい　第６学年）
ねらい：友達のことを理解するとはどういうことなのか考えることで，信頼し合える人間関係を築いていこうとする心情を育てる。
発問例：❶本当の友情，偽りの友情とは何だろう？
❷（教材提示後）アンドレ，サバイユ，ニコライの中で，ロレンゾとの友情を感じられるのは誰だろう？（ネームプレートを貼らせる）
❸改めて，本当の友情とは何だろう？

（幸阪　創平）

教材に関するテーマで追求を仕立てるスキル

POINT

❶登場人物と自分自身を比較させる
❷登場人物同士を比較させる

「教材に関するテーマで追求を仕立てる」とは，教材中の登場人物の行為や判断，心情などの内容をもとにして子どもに問題意識をもたせることです。「場面ごとの共感から中心発問につなげるスキル」と共通して，「なぜだろう？」「何だろう？」「自分ならどうするだろう？」などの中心発問以外にも「○○がしたことをどう思うだろう？」「○○は本当にそうしてよかったのだろうか？」など，子ども自身の考えを問うことができます。

ポイントは，場面理解だけでなく登場人物と自分自身，複数の登場人物同士の考えを比較させることを通して，前項で示した「価値観のズレ」を引き出すことです。

①登場人物と自分自身を比較させる

登場人物と自分自身との比較は，展開の教材提示後だけとは限りません。例えば，導入から，教材の問題場面を取り上げて，「もし，○○な場面に自分がいたら，どうするだろう？」と発問します。その後，教材を提示して登場人物のとった行動と導入で自分自身が考えた行動とを比較させます。そして，行為のもととなる判断や心情の内容について問い返していきましょう。それでは，具体的に教材で考えてみましょう。

主題名：自分がよいと思っていても【親切，思いやり】
教材名：「公園のおにごっこ」（学研教育みらい　第２学年）
ねらい：相手の立場や気持ちを考えて親切にしようとすると，自分も相手も気持ちよく過ごせることに気づかせ，相手に親切にしていこうとする心情を育てる。
発問例：❶（教材の問題場面を一部提示して）もし，年下の「ゆうた」がおにごっこに入れてほしいと声をかけてきた場面で，自分が「しんじ」の友達の１人なら，どうするだろう？
❷（教材提示後）自分の考えと比べてみて，「しんじ」や「よしえ」のやったことをどう思うだろう？
❸改めて，もし自分が「しんじ」の友達の１人なら，どうするだろう？

②登場人物同士を比較させる

登場人物同士を比べる場合，行為や判断に違いがあっても，それぞれのよさが釣り合う関係であることが望ましいと考えます。

主題名：友達のことを思いやるとは【友情，信頼】
教材名：「絵葉書と切手」（学研教育みらい　第３学年）
ねらい：友達の気持ちや立場を考えながら，お互いを理解し合ってよりよい信頼関係を築いていこうとする心情を育てる。
発問例：❶ひろ子は，どんなことに迷っているだろう？
❷お兄ちゃんとお母さんのどちらが友達のためになるだろう？
❸もし，自分がひろ子ならどうするだろう？

（幸阪　創平）

板　書

場面絵を配置して時系列をわかりやすく書くスキル

POINT

❶教材を読む前に場面絵を示す
❷時系列で場面絵を並べながら発問する

道徳科の教材には，時系列で場面絵が示されており，有効に活用できるものが多くあります。特に低学年の教材に，場面絵が充実したものが多く見られます。場面絵をうまく黒板に配置すれば，細かい確認をしなくても，お話の内容を視覚的に理解させることができます。ここでは，低学年教材「はしの上のおおかみ」（文部科学省：わたしたちの道徳）をもとに，場面絵を活用した板書の仕方を示します。

①教材を読む前に場面絵を示す

最初から教材文を読ませることも１つの方法ですが，先に場面絵を示し，ある程度問いをもたせてから教材文に入るという方法もあります。

本教材の場合，４枚ある場面絵のうちの，最初の１枚を授業の導入で示します。「この絵を見て気がつくことありますか」と発問すれば，「おおかみとうさぎがいる」「おおかみがうさぎに何か強く言っている」と反応するでしょう。こうすることで，子どもは「おおかみは何を言っているんだろう」「どんなおおかみかな」と様々な問いをもって教材文を読むようになります。

②時系列で場面絵を並べながら発問する

教材を読んだ後は，事前に貼っておいた１枚目の挿絵を示しながら，「おおかみはこのときどんなおおかみでしたか」と発問します。「悪いおおかみ」「いじわるなおおかみ」など，いろいろ意見が出てきます。続いて２枚目を貼りながら，「くまと会ったとき，おおかみはどう思ったでしょう」，３枚目を貼りながら「くまの後ろ姿を見ながらおおかみはどう思ったでしょう」，４枚目を貼りながら「おおかみはどうしてやさしくなったのでしょう」等の発問をします。発問がやや多い気がしますが，低学年には，このように場面絵を示しながら細かく発問をすることで，しっかりと内容を把握させるように努めます。

時系列に挿絵を配置し終わったところで，最後に次のような発問をします。

> １枚目のおおかみと４枚目のおおかみでは，どちらがかっこいいと思いますか。

かっこいいと思う方を選ばせて，議論させるとねらいとする価値に迫ることができます。もしも全員が４枚目を選んだ場合は，教師が１枚目の方を選び，議論を深めます。人にやさしくすると，自分も他人もうれしくなるという意見や体験を，ここでしっかりと引き出すようにします。

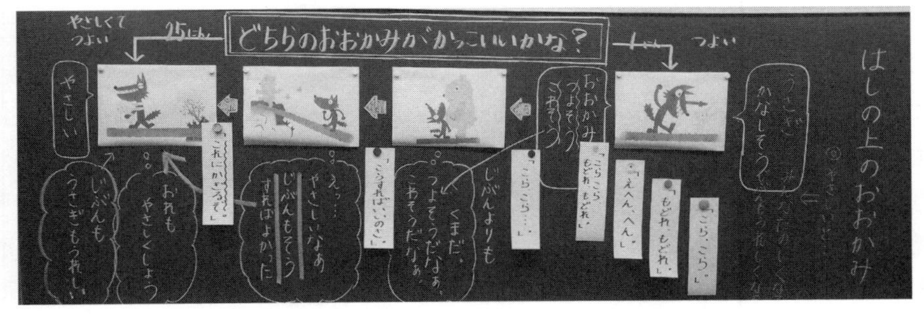

（有松　浩司）

板　書

考えの変化をわかりやすく示すスキル

POINT

❶挿絵と矢印で考えの変化を示す
❷なぜ変わったのか，今後どう変わるかを考えさせる

道徳科の教材の中には，登場人物の考え方が前半と後半で大きく変わるものがあります。このような教材を扱う際は，板書で考えの変化をわかりやすく示すことが大切です。中学年教材「ブラッドレーのせい求書」（文部科学省『わたしたちの道徳』）を例に説明します。

①挿絵と矢印で考えの変化を示す

教材を読んだ後に，まず行うのが考えの変化の確認です。本教材であれば，次のように発問して，ブラッドレーの考えの変化をとらえさせます。

最初のブラッドレーと最後のブラッドレーは同じですか。ちがいますか。

ここでは，最初はお小遣いがほしいと言っていたブラッドレーが，最後はお金を返して涙を流していることに着目させます。その際は，図のように，挿絵と矢印で変化を明確に示します。変わったことについては，吹き出し等で，挿絵の周囲に書き込むようにします。

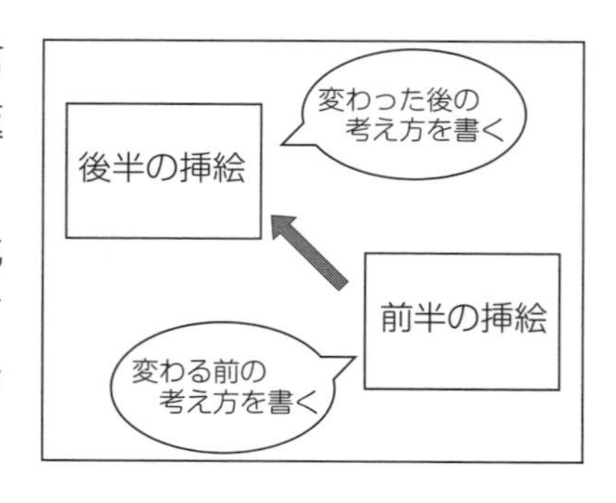

②なぜ変わったのか，今後どう変わるかを考えさせる

ブラッドレーの変化を確認した後は，次のように発問します。

> ブラッドレーはなぜ変わったのでしょうか。

子どもは当然２つの請求書に着目します。ここでは，ブラッドレーが出した請求書とお母さんの請求書の違いを話し合い，母親の請求書に込められた思いをいかにとらえさせるかがポイントになります。ブラッドレーが，母親の無償の愛に気づいたことで，涙を流しながらお金を返したことに気づかせます。この場面で，無償の愛をテーマに，自分の家族を振り返ってみるのもよいでしょう。

> ブラッドレーはこの後，どう変わっていくでしょうか。

登場人物の考えが，今後さらにどのように変化するかを予測させることで，より高い道徳的価値に気づかせることができます。最後は家族のために自分ができることを話し合わせて授業を終えます。人物の考えの変化をわかりやすく示すのが授業のポイントです。

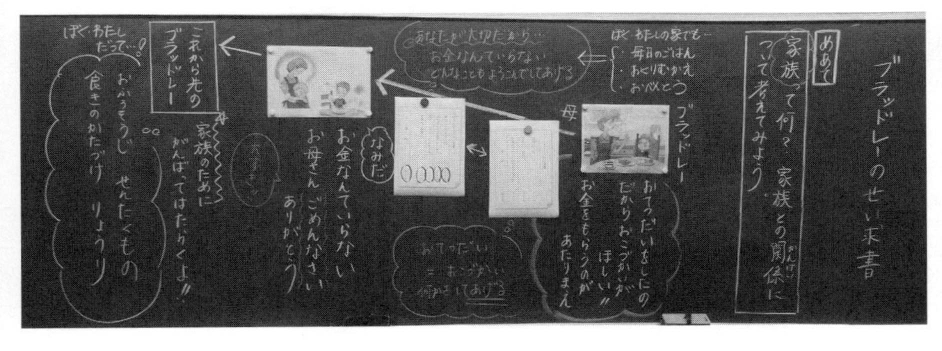

（有松　浩司）

考えの対比をわかりやすく示すスキル

POINT

❶黒板を中央で分けて，考えの違いを明確に示す
❷どちらの考えがよいか，それはなぜか話し合わせる

道徳科の教材には，２つの考えが対比的に示されているものが多く存在します。本実践で示す高学年教材「うばわれた自由」（光文書院）も，その１つです。このような教材の場合は，黒板を２つに分けて，考えの違いを明確に示す方法が有効です。その上で，どちらの考えがよいか，そしてなぜその考え方がよいのかを話し合わせると，深く価値に迫ることができます。

①黒板を中央で分けて，考えの違いを明確に示す

導入では，「自由」から連想することをみんなで共有します。その上で，「本当の自由とは何か」という課題を設定します。

教材を読んだ後は，すぐさま次のように発問します。

> 森の番人ガリューの考える「自由」と，ジェラール王子の考える「自由」は同じですか？　違いますか？

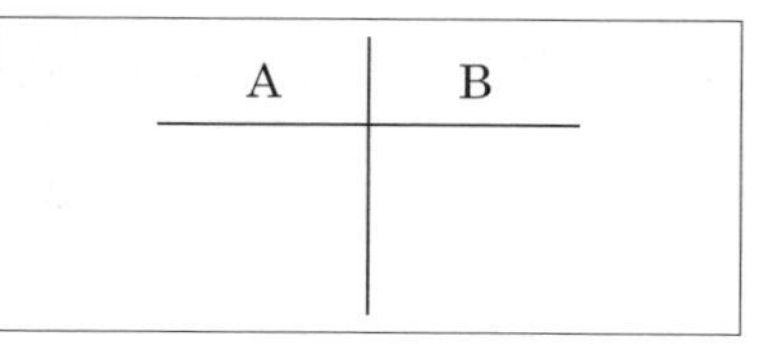

子どもは「違う」と反応します。そこで，２人の考えがどのように違うのか，少し考える時間を設けます。

子どもから出てきた意見を板書する際は，

黒板を中央に分けて，２人の考えの違いが明確になるようにします。こうすることで，自由とわがままの違いが明確になります。

②どちらの考えがよいか，それはなぜか話し合わせる

２人の考えの違いが明確に板書に示された後は，次のように発問します。

> ガリューとジェラール王子，どちらの考える自由がよいと思いますか。
> またそれはなぜですか。

下の板書例にもあるように，先にネームプレートを貼らせてから意見を述べさせるとよいでしょう。自由とは，あくまでも周りの人のことを考え，責任を伴った行動が求められるという新しい価値が生まれます。

授業の後半では，「なぜ町が荒れてしまったのか」「町の人はどうすべきであったか」などを話し合わせてもよいでしょう。本当の自由とは，みんなが秩序を保つことで守られるものであり，わがままを許さない風土をつくることが大切であることをここでおさえることができます。

この板書を分けて考えの対比を示すという方法は，様々な教材で活用できます。「Ａ君の考えとＢ君の考えはどちらがよいか」「Ａ町とＢ町ではどちらがよいか」教材の中にある対比的な考えにぜひ目を向けさせてみましょう。

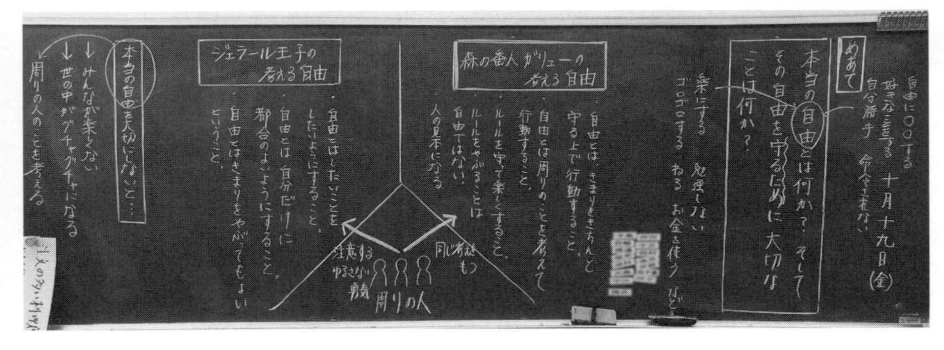

（有松　浩司）

板　書

構造化・図式化して理解を助けるスキル

POINT

❶本時で考えさせたいテーマを構造化・図式化する
❷人物関係を構造化・図式化する

教材によっては，登場人物の人物関係が複雑であり，一読しただけでは理解が難しいものもあります。また，価値について深く考えれば考えるほど内容が難しくなり，なかなか話し合いに参加できなくなることもあります。このような場合は，構造化・図式化して理解を助けることが大切です。高学年教材「星野君と定金君－星野仙一－」（文溪堂）をもとに説明します。

①本時で考えさせたいテーマを構造化・図式化する

授業は，右に示したような図を黒板にかくことから始めます。その上で，「ちょっとした友達」「友達」「親友」は，どんな違いがあるかを話し合わせます。子どもからいろいろな意見が出てくるので，それを図の内側や外側に板書します。（次頁板書の写真参照）その上で，「親友とはどのような存在か」という課題を設定し，教材を読み進めます。

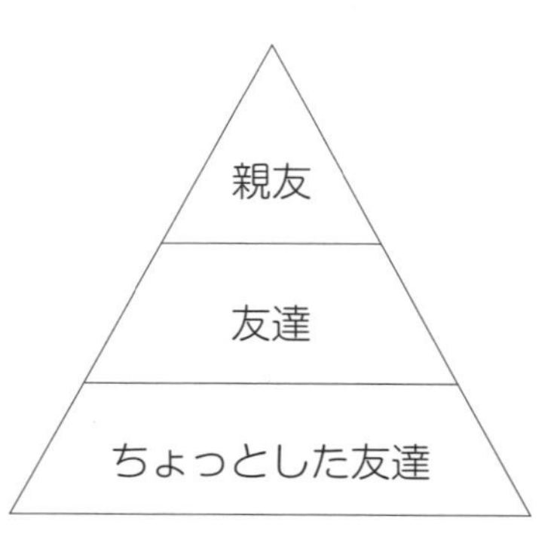

②人物関係を構造化・図式化する

教材を読んだ後は，「星野君と定金君は最初の図でいうと，どんな友達でしょうか」と発問します。すると，ほとんどの子どもが，「親友」「それより上の大親友」と言います。そこで，次のように発問します。

> 2人が「親友」「大親友」といえる理由はどんなことからですか。その理由を探してみましょう。

子どもは教材の中から，2人が親友といえる理由を探します。出てきた意見は板書にもあるように，関係図に表していきます。この作業を行うことで，2人が親友といえる理由が明らかになっていきます。

その後は，次のように発問して，価値を一般化していきます。

> 親友とはどういう関係のことをいうでしょうか。お話を読んで考えたことをもとにまとめてみましょう。

「お互いのことを一番に考える」「何より相手を大切にする」「一緒にいなくてもずっと相手のことを考えている」等の意見が出ます。最後は，「このような友達をもつことはなぜ大切なのか」「自分にこのような親友がいるか」等について話し合わせるとよいでしょう。

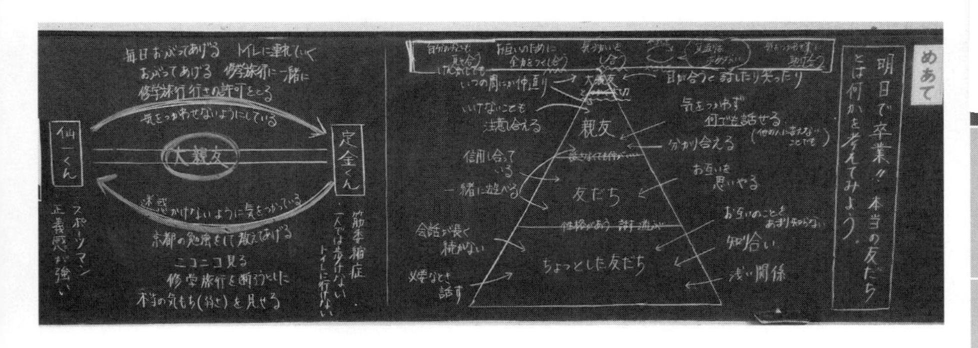

（有松　浩司）

黒板を劇場のようにして生かすスキル

POINT

❶魅力的なイラスト・ペープサート等で勝負する
❷黒板全体を使って物語を読み語り，感動を演出する

毎時間とまではいかないと思いますが，参観日や研究授業のときなどは，少し板書に工夫を凝らした授業に挑戦してみるのもよいでしょう。その１つが，黒板を劇場のようにして生かす方法です。劇場というぐらいですから，子どもにとってインパクトのある板書やしかけが求められます。中学年教材「しあわせの王子」（東京書籍）を例に説明します。

①魅力的なイラスト・ペープサート等で勝負する

黒板を劇場のようにするためには，まずは教材の準備が何より大切です。イラスト・ペープサートなど，子どもたちが興味をもちそうなものを，工夫を凝らして制作します。本教材の主人公である「しあわせの王子」は，サファイアの目や体の金箔などを，次々と貧しい人たちに差し出し，最後は，はだかでひび割れてしまいます。

このお話を再現するために，写真のような提示物を作成しました。この王子にはしかけを施しており，実際に目や金箔が外れるようになっています。子どもを引き付けるちょっとした工夫です。

②黒板全体を使って物語を読み語り，感動を演出する

実際の授業では，まず導入で，「美しいものにはどんなものがありますか」と発問します。宝石，夜空の星，高いところからの景色…子どもはこれまでの経験からいろいろな美しいものを想起します。

続いて，「今日勉強するお話の中からも美しいものを探してみよう」と投げかけ，教材に出会わせます。本授業では，教科書を読むのではなく，教師が板書を使ってお話を読み語りました。王子の目や金箔等を１つずつ外しながらお話を語り，感動を演出します。BGM を流すのも一つの方法でしょう。

教材を読み聞かせた後は，次のように発問します。

金ぴかの王子とボロボロの王子，どちらが美しいですか。

「見た目はボロボロだけど，金ぴかの王子よりも美しい」と意見を言う子が必ずいます。こうした意見を取り上げ，美しさとは見た目だけでなく，人の心にも表れるということを確認していきます。

授業後半では，人の心の美しさを感じた経験を出し合います。もちろん教師自身も，しっかりと経験を語るようにしたいものです。

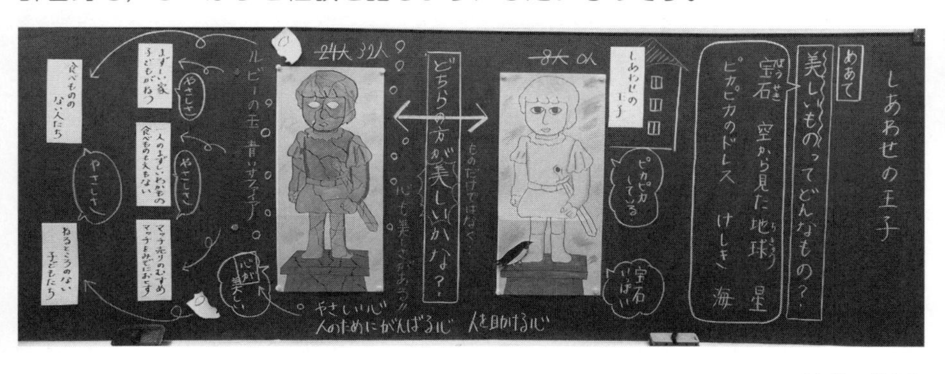

（有松　浩司）

板　書

29 ウェビング等を活用するスキル

POINT

❶導入でウェビングを活用する
❷教材を読んで深まった価値をウェビングに再度書き加えさせる

ウェビングとは，キーワードになる言葉からイメージするものをつなげていく思考スキルの１つです。国語科や総合的な学習の時間等に多く用いられる手法ですが，道徳科の授業でも非常に有効な方法だといえます。中学年教材「わたしのしたこと」（光文書院）を用いて，本当の親切について考えさせていく授業を紹介します。

①導入でウェビングを活用する

授業では，「友達」「自由」等，本時で考えさせたいテーマを道徳ノート（またはワークシート）の中央に書かせ，その言葉からイメージするものを集めることから授業を始めます。今回の授業であれば，「親切」と書かせ，そこからイメージすることを自由に考えさせるようにします。

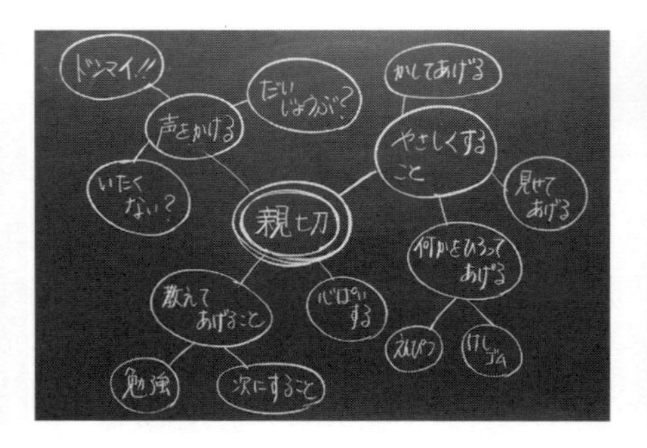

「親切」という言葉からどんなことを思い浮かべますか？

「やさしくすること」「何かをしてあげること」等，子どもはこれまでの経験から，自分の考える「親切」を自由に表現していきます。教師は子どもの発言を，子どもと同様にウェビングで黒板にまとめていきます。

ウェビングでテーマについて考えた後は，「これから読むお話の中から，新しい『親切』に関する考え方を見つけていきましょう」と投げかけてから教材を読ませるようにします。こうすることで，子どもは目的意識をもって教材と向き合うようになります。

教材を読んだ後は，２～３つに絞って発問を行うようにします。今回の授業の場合は，「どうしてノンちゃんは悲しそうな顔になったのか」「わたしのしたことは親切ではなかったのか」「親切とおせっかいの違いは何か」という３つの発問を行いました。

② 教材を読んで深まった価値をウェビングに再度書き加えさせる

教材を読んで話し合った後は，次のように発問します。

> 「親切」について新しく考えたことをウェビングに再度書き加えましょう。

本時の学習で新しく考えた価値を，今度は赤鉛筆でウェビングにかき加えさせます。ウェビングは様々な教材で活用できる有効な手法です。

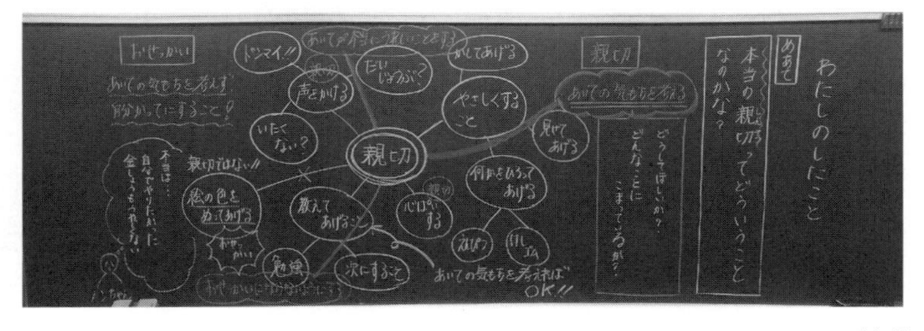

（有松　浩司）

子どもを板書に参画させるスキル

POINT

❶参画しやすいように，道徳的価値を図化する
❷考えが整理できた子どもから板書に参画させる

主体的な学習を生む観点からも，子どもを板書に参画させることはとても大切なことです。もちろん授業によっては教師がすべて板書することもありますが，私自身も可能な限り，子どもが板書する場を設けるようにしています。ここでは子どもを板書に参画させるスキルについて，高学年教材「黄熱病とのたたかい」（文部科学省）の授業を例に紹介します。

①参画しやすいように，道徳的価値を図化する

子どもを板書に参画させようと思ったら，可能な限り，教材や思考の流れを図化することをおすすめします。なぜなら，文章だけの板書よりも，図で示された板書の方が，子どもが参画しやすいからです。本授業の場合，次のような発問で，野口英世が周囲の人に支えられながら夢を追い続けたこと，そしてその感謝の思いを，研究の成果という形で応えようとしたことをとらえさせます。

野口英世を支えてくれた人は誰ですか。また，野口英世はどんな形でその支えに応えようとしていましたか。支えてくれた人を根，応えようとしたことを葉とし，樹木の図に表してみましょう。

右のように，道徳ノートに図で自分の考えを表現させます。何を根にしたか，何を葉にしたかについて話し合うことで，野口英世を支えた人，そしてそれに必死で応えようとした野口英世との関係をとらえさせることができます。根（支え）と葉（応える）を別々に発問して，１つずつ明らかにしていく方法も考えられます。

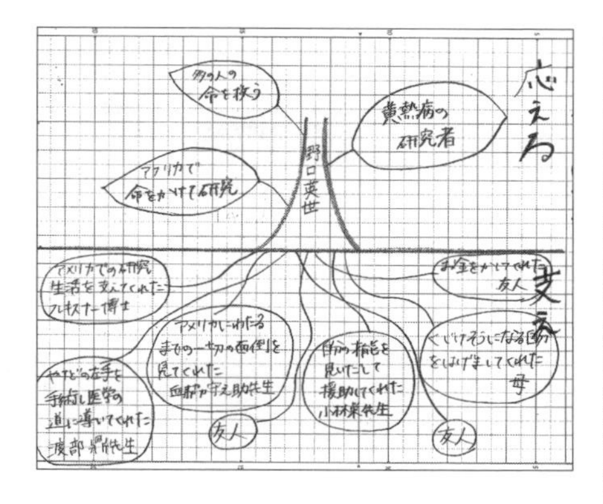

②考えが整理できた子どもから板書に参画させる

授業の後半では，次のように発問します。

> みなさんをこれまで支えてくれた人は誰ですか。また，今後どのようにその支えに応えようと思いますか。

活動１と同様に，ノートに自分の考えを図化させます。ある程度考えがまとまったら，どんどん前に出て板書に参画させます。白いチョークをたくさん用意しておくとよいでしょう。子どもたちと一緒に，みんなで創り上げた板書。撮影・印刷し，教室に掲示しておくことをおすすめします。

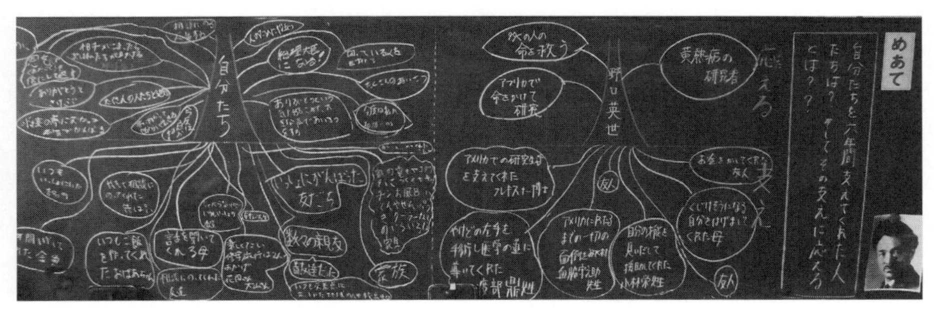

（有松　浩司）

座席配置を生かすスキル

POINT

❶座席配置のバリエーションを豊かにする
❷机といすを使わずに教師や黒板との距離を近くする

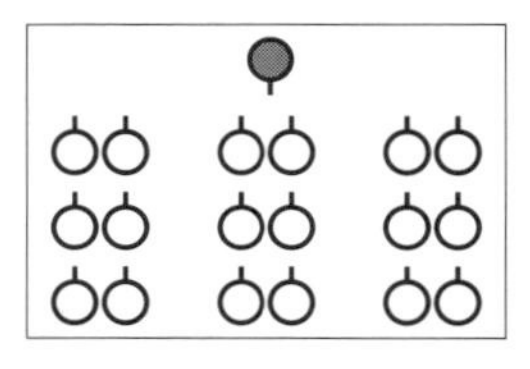

右図のように教師と子どもが向き合う座席配置が多く見られます。その座席配置には，問いを出す教師，それに答える子どもという構図が見て取れます。この座席配置のよさは，一斉指導のしやすさにあると思います。教師から子ども一人一人の表情がよく見えます。子どもにとっても，黒板を見ながら話し合いに参加でき，話し合いの流れがつかみやすいです。

座席配置を少し変えてみると，また，机といすを使わない座席配置にしてみると，話し合いの様相は大きく変わります。

①座席配置のバリエーションを豊かにする

座席配置を変えることの最大の変化は，教師ではなく子どもの視界が変わることにあります。教師や黒板が視界の中心であったのが，友達に変わるのです。話し合いで最も大切にしたいのは，子ども同士の意見の交流です。

座席配置を工夫すると，話し合いが活発になります。座席配置には様々なものがあります。いくつかの例をもとに，それぞれの座席配置のよさを考えてみましょう。

例えば，教室の中心に座席を向ける座席配置です。話し合いのテーマに沿って意見交流を行う際に，教室全員の友達の顔が自然と視界に入ってきます。

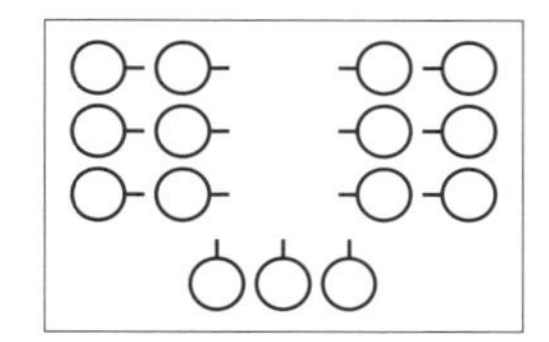

友達がどんな表情で意見を言っているか，聴いている友達はどんな表情をしているのかといったことが自然とわかります。表情がわかるというのは，相手の気持ちを察することにつながります。意見の内容に加え，友達の気持ちを汲み取りながらの話し合いが生まれます。

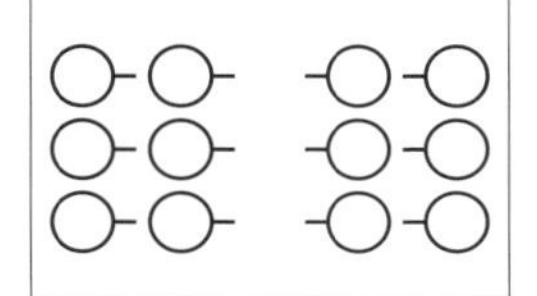

例えば，話し合いで意見が二つに分かれた時などは，学級を二分し，向い合せる座席配置も考えられます。上記の座席と同じく，相手の気持ちを汲み取りながらの話し合いができます。さらに，同じ意見の友達が近くに座り，違った意見のグループが目の前に座っているので，自然と目の前の相手を納得させようとする話し合いの雰囲気が生まれます。

他にも様々な座席配置が考えられます。座席配置のバリエーションを豊かにしていくことは，様々な話し合いの様相に対応できることにつながります。

②机といすを使わずに教師や黒板との距離を近くする

時には机といすを使わずに，子どもたちを教室前方に集めてみるのも有効です。机といすがないので座席配置といえるかどうかはわかりませんが，机がないことで，教師との距離が近くなります。また，友達との距離も近くなるので，話し合う子どもたちの心も近くなります。さらに，黒板も近くなり，黒板に文字や図を書くための行き来がしやすくなります。机やいすがある状態に比べ，自由な雰囲気が生まれ，友達の話を聞きたいという気持ちも生まれやすくなります。

（後藤　和之）

ペア・小グループの話し合いを生かすスキル

POINT

❶子どもの思考を予想し，話し合うタイミングを考えておく
❷話し合った結果が生かされる発表の形態にする

話し合いにおいて，様々な意見にふれることは，今まで気づかなかった考えに気づいたり，自分の考えと同じような意見に出合い，自分の考えに自信をもったりすることにつながります。大切にしたいことは，自分の意見を誰かに話すということです。しかし，話し合いのテーマによっては，いきなり全員の前で意見を言うことに抵抗を感じる子どももいます。

ペアや小グループといった少人数であれば，抵抗感が軽減されることがあります。それは，話し合いに対する興味・関心を高めることにつながります。

①子どもの思考を予想し，話し合うタイミングを考えておく

上記のように，抵抗感にだけ目を向ければ，常にペア→小グループ→全体での話し合いという流れで話し合いを構成していくことが有効であるといえます。しかし，子どもたちに「友達の意見を聞いてみたい」「自分の意見を友達に伝えたい」という気持ちがなければ，無意味です。

子どもがどのように考えるかを予想し，ペアや小グループで話し合うタイミングを考えておくことが大切です。具体的な場面で考えてみましょう。

友情・信頼をねらいとし，「泣いた赤鬼」をもとに，場面ごとに赤鬼の気持ちを考えたとします。村人たちと仲良くなるために立て札を立てた赤鬼が

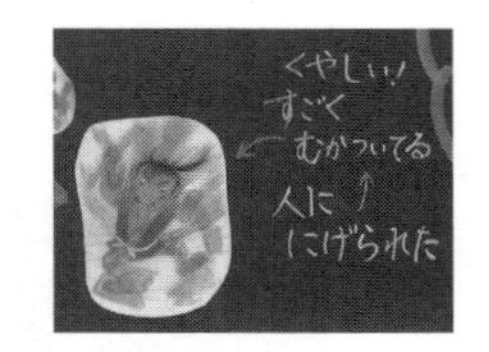

村人に疑われ，立て札を壊した場面を取り上げ，「立札を壊しながら，赤鬼はどんなことを考えていたのだろう」と赤鬼の気持ちを問うたとします。この発問に対する子どもたちの答えは，赤鬼の腹立たしさに集中することが予想されます。一方で，自分が犠牲になるという青鬼の提案を受け，青鬼を打ち据えている場面を取り上げ，「赤鬼は，どんな気持ちで青鬼を打ち据えていたのだろう」と赤鬼の気持ちを問うたとします。この発問に対しては，赤鬼の悩みや葛藤等，１つには絞れない子どもたちの答えが予想されます。

この２つの場面を比べると，どちらの方が話し合う必然性があるでしょうか。それは，後者です。子どもが「これでいいのかな」「どうなんだろう」と迷ってしまいそうな場面，より深く考えさせたい場面でこそ，ペアや小グループでの話し合いを取り入れる必要があります。

臨機応変にペアや小グループでの話し合いを取り入れることも大切ですが，事前にタイミングを考えることで，授業プランがより明確になります。

②話し合った結果が生かされる発表の形態にする

ペアや小グループ内で意見を１つに絞るようにさせ，画用紙等に意見を書いたものを黒板に並べ，並べられた各意見を全体で検討する形態で話し合いを進める方法もあります。こうすることで，ペアや小グループで話し合った内容が全体に広がっていくので，子どもたちが意欲的に全体での話し合いに参加するようになります。（後藤　和之）

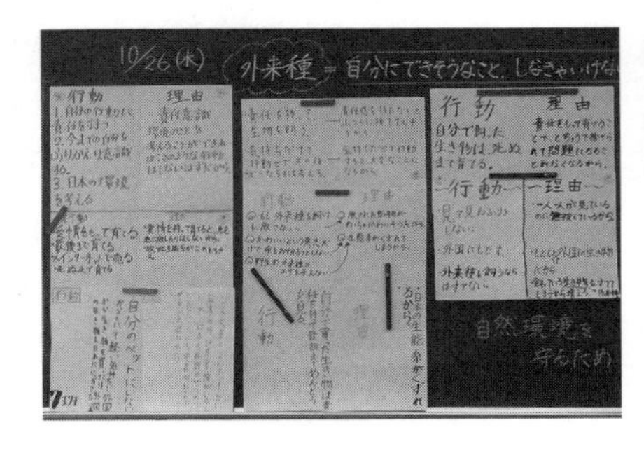

グループ構成を工夫するスキル

POINT

❶同じ考えのグループで考えを深める
❷自分とは違う考えのグループで考えを深める
❸グループにとらわれず，自由に意見交換をする

グループでの話し合いのよさは，自分と同じ（似た）考えの友達同士で話し合うことで，自分の考えに深まりをもたせたり，正当性や根拠をもたせたりすることができるというところにあります。このよさは，自分と違った考えの友達同士での話し合いでも同じことがいえます。

グループでの話し合いを行わせる際には，話し合いにどのような意味をもたせるかといった，教師の意図が大切です。

①同じ考えのグループで考えを深める

右写真は，自作教材で，かけ算九九の学習をしている最中に，友達はみんなすらすらと言えるのに，主人公だけがなかなか覚えられない場面の主人公の気持ちを問うた際の板書です。このように，考えが大きく２つ（「できないかな」と「早くおぼえる！」）に割れた場合に，「自分はどちらの考えに近いか」と問い，同じ考えの友達同士で集まってグループを構成し，それぞれの視点で考えを深め，出し合っていくことで，学級全体としての主人公への共感を深めることができます。

②自分とは違う考えのグループで考えを深める

①とは逆に，違う考えの友達同士で集まってグループを構成する方法もあります。このグループ構成のよさは，今まで気づかなかったり，思いもつかなかった考えにふれることができ，視野を広げられるところにあります。話し合わせる際には，「友達の意見と自分の意見の違いは何かを探そう」と投げかけると，各グループ内で自然と議論が生まれます。また，自分の意見に説得力をもたせようと真剣に話し合う姿が生まれます。グループでの話し合い以降の全体での話し合いにおける発言に自信がもてるようにもなります。

③グループにとらわれず，自由に意見交換をする

話し合う内容によっては，あえてグループ構成の設定を決めずに，座席から離れて，自由に意見交換をすることも有効です。その際には，「とにかくたくさんの友達の意見を聞いておいで」と投げかけるようにします。そうすると，「まさかこの子と同じ意見だったとは（違う意見だったとは）」というように，友達の新たな一面にふれることもあり，友達に対する理解を深め，学級の人間関係を深めることにつながることがあります。

一見，無意図的な取り組みのように思われますが，ねらいや教材，子どもの実態に応じ，取り入れていくことで，道徳授業のマンネリ化を防ぎ，アクティブな授業を生むことができます。この取り組みについては，教師が明確な意図をもって取り組むことが大切です。

（後藤　和之）

相互指名を活用するスキル

POINT

❶指名が偏らない雰囲気づくりとルールづくりをする
❷偶然を演出する

相互指名のよさは多岐にわたりますが，私の経験から考えると，子どもにとってのよさとして，

○自分たちで授業を進めていっていることへの自信

○発表に対する抵抗感の軽減

が挙げられます。実際，いくつかの研究会で見かける相互指名の授業は，子どもが生き生きと友達を指名し，話し合いを進めていっている様子が見られます。一方で，相互指名の課題，難しさは何かと考えると，これも私の経験であり，教師側の問題ともいえるものとして，

●発言する子どもに偏りが見られる

●意見と意見のつながりが見られないことがある

等が挙げられます。子どもの主体性を重視し，相互指名に取り組ませる際には，課題を克服し，よさを最大限に生かすスキルが必要です。

①指名が偏らない雰囲気づくりとルールづくりをする

まずは，課題を克服するためのスキルとして，自由に相互指名をしているという感覚の中，子ども同士の指名ができるだけ偏らないようにするルール

をつくることについて考えてみます。考えられるルールとしては，

- 自分とは違う班や列の友達を指名する。
- 自分とは違う誕生月の友達を指名する。

のように，指名する際には，「自分とは違う○○の友達を指名する」というようなルールをつくることで，より多くの子どもが指名される状況をつくり出すとよいと思います。しかし，これでは，意見と意見がつながっていかない相互指名となりかねません。あくまでも，年度初期の発言しやすい雰囲気づくりの段階での手立てであると考えておく必要があります。

②偶然を演出する

相互指名の際に，偶然を演出することも子どもの意欲を引き出すという点で有効であるといえます。サイコロを用いて最初に指名する子どもを決めたり，授業する月の出席番号で決めたり等，偶然から相互指名をスタートさせると話し合いの雰囲気が明るくなります。これについても，雰囲気づくりに有効な手立てであると考えておく必要があります。

では，相互指名が話し合いにおいて有効に機能するためにはどうすればよいか。それは，子ども同士が互いを理解し合い，「あの子はきっとこういう意見をもっているはずだ」と，教師と同じような立場に立って指名を連続させていくことです。しかし，これは容易ではありません。

子ども同士の相互指名で，かつ，話し合いが深まる方向へ進められるようにするためには，発言しやすい雰囲気づくりに加え，前頁写真のように，「同じ（似た）意見の友達は立って待っておく」というように，同じ（似た）意見が連続して続き，話し合いが深まるような仕掛けをしていく手立てが必要だと思います。

（後藤　和之）

話し合い構築

役割を決めて子どもに任せるスキル

POINT

❶少人数グループ内での役割を決める
❷全体の場での話し合いに生かす

子どもの主体性において話し合いが進められると，そこには，教師だけでは生み出せない意見の深まりが生まれることがあります。子どもは，「自分たちで進められた（進めている）」と感じたときにこそ，最高のパフォーマンスを発揮するものです。

①少人数グループ内での役割を決める

私の勤務する学校では，ほとんどの学級が学級独自のグルーピングをもっていたり，全学級に共通するグルーピングをもっていたりします。私の学級でいえば，３～４人のグループと５～６人のグループです。グルーピングについては，座席配置の近い友達同士を基本としますが，話し合いや活動の内容によって，どちらのグループで行動するのかを指示するようにしています。さらに，席替えが行われた後には，必ず，両方のグループ内で番号を決めるようにしています。３人グループであれば，１番から３番，６人グループであれば，１番から６番といった感じです。

話し合いの際には，「今日は，１番の人が司会，２番の人は決まった意見を画用紙に書くのだよ」というように，指示をして役割を決めています。年度初期の段階では，ある程度の意図をもち，スムーズに進行できそうな番号の子どもが手本となるように指名するようにしていますが，年間を通して，どの子もすべての役割に携われるようにランダムに役割を決めるようにしています。

このように，まずは，少人数グループ内でいくつもの役割を経験させておくことが，全体の場での役割をうまく進める力を育てることにつながります。

②全体の場での話し合いに生かす

少人数グループにおいて司会等の役割経験を積ませるよさは，子ども一人ひとりが話し合いの流れを整理する経験をすること，司会等の役割になった友達に協力する態度を育てることにあります。それらの経験を踏まえ，大切にしたいことは，少人数グループで経験したり，育ててきたりした力を全体の場での話し合いに生かすことです。

例えば，右の写真は，少人数グループでの話し合いを経て，全体での話し合いに臨む際に，少人数グループ内で自分の意見を伝える際に使った図を用いて説明をしている様子です。「さっきも，こういう感じで説明したのだけれど，わかりますか？」というように，聴いている友達の反応を確認しながら意見を述べる姿は，少人数グループ内で様々な役割を果たしてきた中で身につけた，「自分の意見を友達にうまく伝えようとする」姿であるといえます。

役割を決めて子どもに任せること。これは，授業においてとても大切なことであると思います。そして，教師が忘れてはならないことは，その役割のすべてが，子どもの成長のためにあるということだと思います。

（後藤　和之）

討論形式で深めるスキル

POINT

❶応答予想を立てておく

道徳授業において，子ども全員の意見が一致することはほとんどないといえます。教材，発問によっては意見が２つに分かれ，自然とＡ or Ｂを決める討論が始まったり，教師側からＡ or Ｂを決めさせる討論を仕組んだりすることがあります。教師が思いもつかない意見が出てきて，それが核心を突いたものである場合，子どもの意見に寄り添い，討論形式で進めることもダイナミックな授業につながり，アクティブな思考を生み出すこともありますが，いつもそのようになるとは限りません。応答予想を立て，授業に臨むことが大切です。

①応答予想を立てておく

私は，道徳授業の前に，ノートに板書計画とともに発問計画，それに対する子どもの反応を含めた応答予想を書くようにしています。それは，子どもの考えをねらいへと導くことができるか否かは，発問にかかっていると思うからです。また，そこに板書計画を加えると，発問を計画するだけでは見えてこない授業の様相が具体的にイメージできるからです。

発問に対する応答予想を明確にしておくと，教師と子ども，子ども同士の具体的な姿を見出すことができ，効果的にねらいへと迫ることができるのではないかと考えています。次ページのノートは，ある授業の応答予想を書いたものであり，討論形式で深めたものではないのですが，事前に詳細なメモをつくっておくことで，子どもの意見の一つ一つに柔軟に対応できたと感じています。

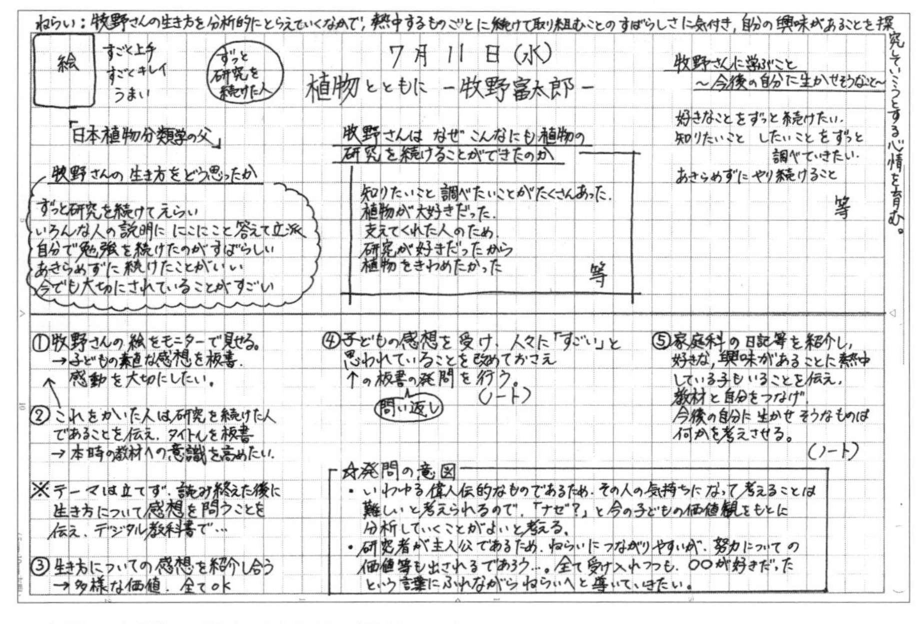

実際の授業の板書は以下の通りです。

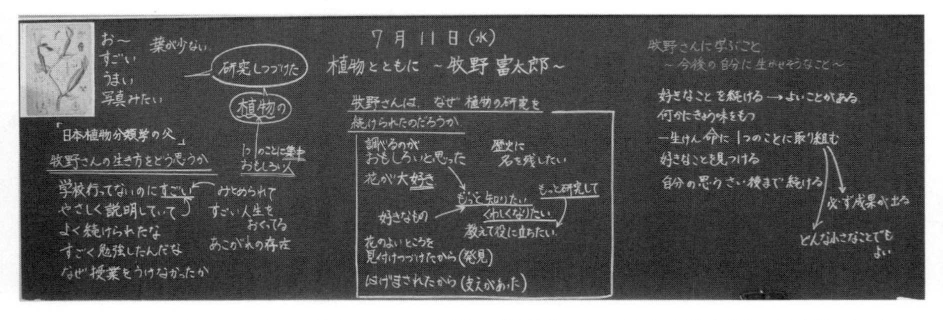

うまくいかないことも多いのですが，発問に対する応答予想を詳細に立てることは授業のイメージを具体的にすることにつながります。これは，討論形式で深める際のスキルにおいても大変重要なことだと言えます。

（後藤　和之）

ねらいにそってワークシートを工夫するスキル

POINT

❶授業のどの場面で書かせるかを検討する
❷加工度の高さを生かす

書く活動を通して，自分の考えを明確にもち話し合ったり，話し合ったことをまとめ自分の考えを深めたりすることができるように，ワークシートを活用しましょう。ワークシートは，授業のねらいにそって書かせたいことを子どもに伝えるために，様々な工夫を凝らすことができます。

①授業のどの場面で書かせるかを検討する

ワークシートづくりは，授業づくりだといえます。授業のねらいや教材，子どもの実態から，書かせる発問・場面を検討しましょう。

例えば，友情，信頼をねらいとし，「すてきな友達関係とは？」をテーマにした授業では，以下のような場面で書く活動を取り入れることができます。

⑴展開の前半部分「(教材の登場人物) ２人の友達関係をどう思うか？」
⑵展開後半または，終末部分「自分にとって，すてきな友達関係とは？」

展開の前半部分では，書く活動を通してもった考えをもとに話し合い，展開の後半部分では，話し合ったことをもとに自分の生活に結びつけながら考えを書いてまとめさせます。

他にも，⑴導入部分でテーマに対する自分の考えを書く，⑵展開後段や終末で再度テーマを提示し書く，という活動を取り入れるのもよいでしょう。

　このように授業のねらいにそって，思考の流れや変容を視覚化し，子ども自身が自覚できるように書く活動を取り入れることが効果的です。

②加工度の高さを生かす

　ワークシートは，授業者の意図によって加工できる利点を生かし，発問や考え方などを子どもに伝え共有するために工夫を凝らして作成しましょう。例えば，展開前半部分で以下のような手法が考えられます。

・スケール
　自分の立場を明確にもたせるときに用います。
・吹き出し
　人物の思いを共感的に考えるときに用います。
・表
　比較して考えさせるときに用います。

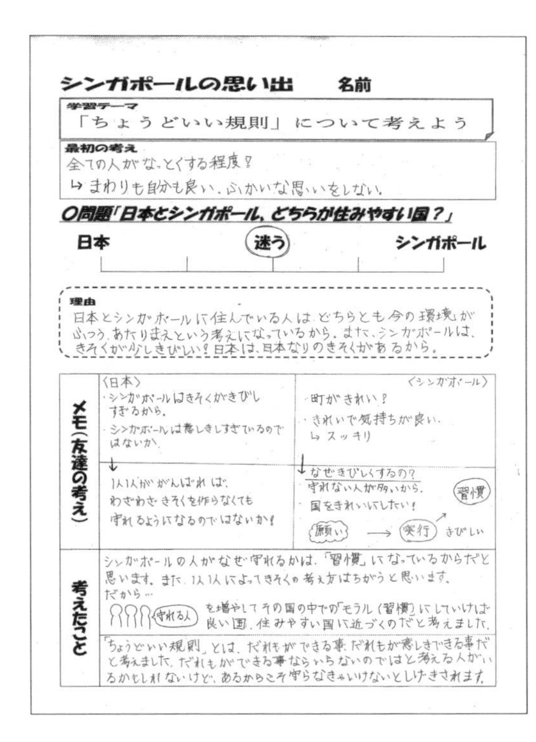

シンガポールの思い出　名前

学習テーマ
「ちょうどいい規則」について考えよう

最初の考え
全ての人がなっとくする程度？
↳まわりも自分も良い、ふかいな思いをしない。

○問題「日本とシンガポール、どちらが住みやすい国？」

日本　迷う　シンガポール

理由
日本とシンガポールに住んでいる人はどちらとも今の環境がふつう、あたりまえという考えになっているから。また、シンガポールは、きそくが少しきびしい！日本は、日本なりのきそくがあるから。

メモ（友達の考え）

〈日本〉	〈シンガポール〉
・シンガポールはきそくがきびしすぎるから。 ・シンガポールは厳しくしすぎているのではないか。	・町がきれい？ ・きれいで気持ちが良い。 ↳スッキリ
↓ 1人1人ががんばれば、わざわざきそくを作らなくても守れるようになるのではないか！	↓なぜきびしくするの？ ・守れない人が多いから。 ・国をきれいにしたい！ 願い → 実行 ↗ きびしい　習慣

考えたこと
シンガポールの人がなぜ守れるかは、「習慣」になっているからだと思います。また、1人1人によってきそくの考え方はちがうと思います。
だから…
守れる人を増やしてその国の中での「モラル（習慣）」にしていけば良い国、住みやすい国に近づくのだと考えました。

「ちょうどいい規則」とは、だれもができる事、だれもが厳しくできる事だと考えました。だれもができる事ならいらないのではと考える人がいるかもしれないけど、あるからこそ守らなきゃいけないとしげきされます。

　他にも，授業者の意図や子どもの思考にそって多様に考えていくことができます。授業によってワークシートの形を変え，新しい手法を生み出していってほしいと思います。（杉本　遼）

A君	B君

道徳ノートの書き方を指導するスキル

POINT

❶書くことの意味や書き方の大枠を示し共有する
❷子どもに任せて，自由に書かせる

道徳ノートを活用する最大の利点は，その自由度にあると思います。教師としても柔軟な活用ができますし，子どもとしても自由に書くことができるので，個性あふれる自分のノートをつくっていくことができます。１年間書きためたノートは，世界に一つしかない宝物のような感覚をもつ子どももいます。

①書くことの意味や書き方の大枠を示し共有する

年度当初に，道徳の授業オリエンテーションで，道徳科を学習する意味や考え方を共有するとともに，右のプリント等を用いて，道徳ノートの使い方を説明します。

こころのおとのつかいかた

〈授業中〉
○学習した日づけ
○テーマ
○お話のだい名
○心のに残ったこと、気づいたこと、感動したこと、疑問
○自分の考え　○話し合いでの自分や友だちの考え
○テーマに対して、考えたこと
◎文字だけでなく絵や図、矢印などをつかってまとめ、自分だけの宝物ノートをつくろう。

〈お家で〉
○学習感想
「心に残ったのは…」　「○○さんの意見が…」
「疑問に残ったのは…」　「もし自分だったら…」
「前にこんなことあったよ。」「前の○○のお話では…」
「どうしてかというと…」　「これからぼくは…」
はじめのうちのおすすめ　あ・こ・こ
あのね実はね…(これまでの自分)→今日考えたこと→これからの自分
○おうちの人と話し合ったこと、インタビューしたこと
◎10分間は考え、1ページは書くようにしよう！！

〈いつでも〉
○普段の生活で、見つけた心の疑問や考えていること。
○行事や学習、学校生活での心のせいちょう
(おこったこと・思ったこと、考えたこと・これからのこと)
○見つける・実際に行ってみる活動の記録。(ワークシート)

毎回書かせているのは以下の５点です。

①日付
②学習テーマ
③お話の題名
④(教材の中心となる発問での) 自分の考え
⑤学習テーマに対する自分の考え

それ以外は，自由に書かせます。あくまで

も，道徳ノートは自分のもの。子ども自らが自分の考えをそのまま表現するノートにしていきましょう。

道徳ノートは，授業中に使うだけでなく，授業と実生活，家庭をつなぐ役割をもたせることでさらに効果があります。学習の振り返りを家庭学習で書く際の視点として，「あのね…実はね…（今までのことを振り返る）」，「今日，こんなことを考えたよ」，「これから自分は…」と考え方を示します。さらに，お家の人にインタビューしたり，普段の生活の中で目標を立てて実践したり，行事を通して考えたりしたことを記録させていってもよいでしょう。

②子どもに任せて，自由に書かせる

右は，「努力ってどうすればいいの？」を学習テーマとした授業で，子どもが書いたノートです。左のページには，授業中に絵や階段状の図，矢印などを用いて，自分の考えや友達との話し合いをまとめています。右ページは，家庭学習で書いてきました。

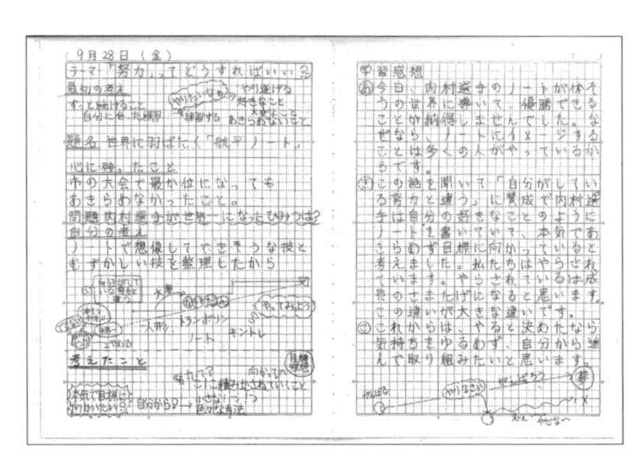

自由に書くことができるからこそ，子どもは楽しみながら，自分だけのノートをつくろうと主体的に取り組みます。子どもの実態に合わせて柔軟に扱い，教師も子どもも楽しみながら取り組んでいきましょう。

（杉本　遼）

書く活動

図解化・イラスト化で表現させるスキル

POINT

❶図解化・構造化した板書にする
❷黒板を子どもに明け渡す

図や矢印，イラストなどを用いて構造化することで，子どもの考えが整理されます。また，話し合うことが焦点化され，話し合いも深まることが期待できます。図解化，イラストでの表現は，板書との関わりが大きいです。

①図解化・構造化した板書にする

板書をワークシートや道徳ノートに写すことに意味はあまりありません。しかし，子どもに図解化，構造化した考えを求めるのであれば，教師も板書を図解化，構造化したものになるよう努めなければなりません。はじめのうちは，子どもは教師の書く板書を参考にしながら考えていきます。下は，教材「いつも全力で～首位打者イチロー～」（東京書籍５年）を活用し，授業を行ったときの板書と子どもの道徳ノートです。

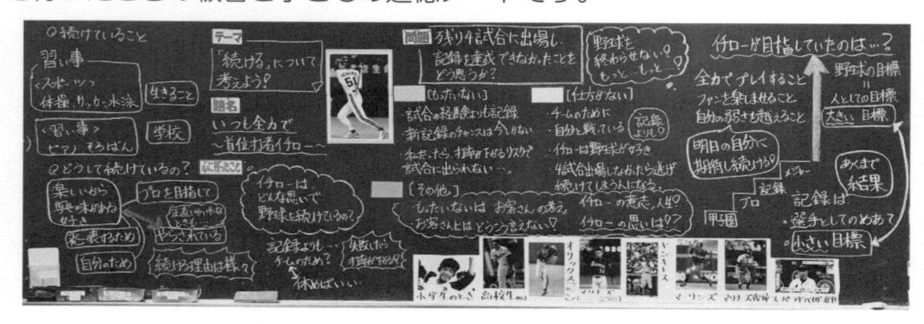

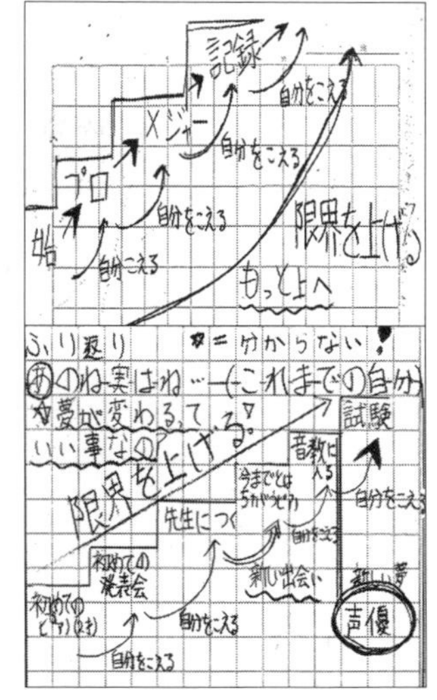

右上のノートでは，板書を参考にしながらイチローの生き方を階段状に表し，「自分を越えていく大切さ」を図に表しています。右下では，イチローの生き方を指針として自分の生き方を重ねながら自分の続けているピアノや将来の夢である声優までの道のりをまとめ，考えを深めています。

このように，子どもは板書を参考にしながら表現することを繰り返すうちに，教師の板書から離れ，自分の考えとして豊かに表現するようになります。

②黒板を子どもに明け渡す

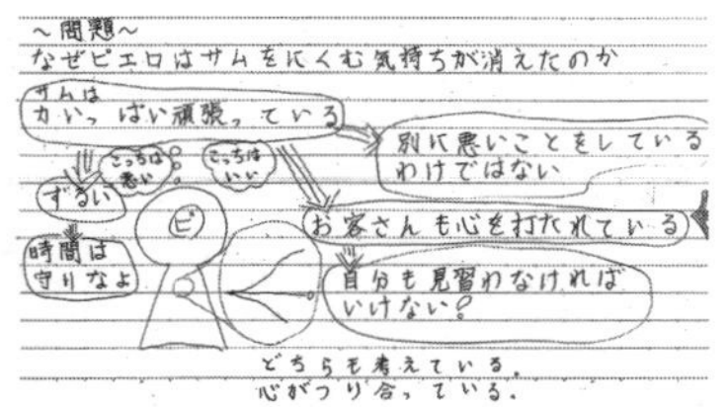

イラスト化，図解化，構造化による表現に慣れてくると，子どもは自分の考えを自分だけの表現で書くようになります。すると，教師が想定していた以上の考えや表現が出てくることも増えてきます。左のノートでは，仲間の支えや一人一人の役割を柱で表しています。右のノートでは矢印を使って比較し人物の心の動きや変化を表しています。教師の上をいくような表現で自分の考えを表す子どもが現れたら，思い切って子どもに黒板を明け渡し，書きながら自分の考えを説明させてみましょう。表現の仕方の参考にもなりますし，何よりも子ども相互での考えの伝え合いによって，授業の深まりは一層増すでしょう。

（杉本　遼）

振り返り

教材と子ども自身の生活をつなぐスキル

POINT

❶道徳的価値について自分がしていることを問う
❷教材の人物とのつながりを考えさせる

道徳の時間での振り返りで大切なことは「今までの自分はどう生活していたのか」と子どもたちが自分に問い返すことです。そのためには，教材を用いた話し合いの中で子どもたちがどれだけ一時間のねらいについて考えることができるかが鍵となります。

①道徳的価値について自分がしていることを問う

学年が上がるごとに道徳の教科書には実際の人物に関する教材が多くなってきます。道徳の教科書ですから，当然「模範的な人物」として扱われているケースが多いです。子どもたちからするとその偉大さにかえって，「自分とは違う」「自分にはここまでできない」と抵抗感を覚えてしまうことも少なくありません。子どもたちがそう感じてしまっては教材の良さが生かされなくなってしまいます。

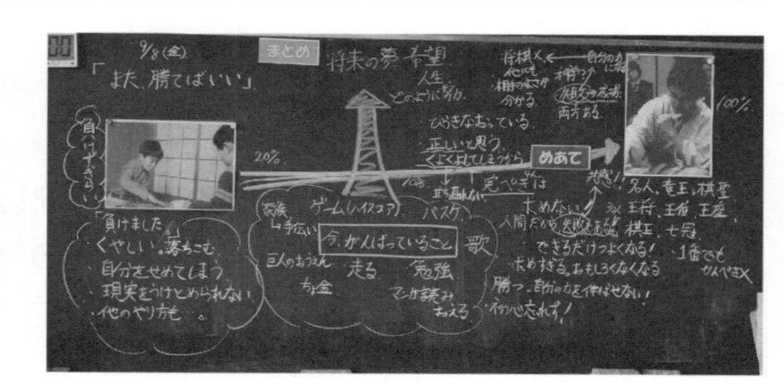

そこで，人物の話に入る前にまずは自分のことを振り返らせます。その際に教材で考えさせる道徳的価値についての自分の具体的な姿を見つめさ

せます。例えば，「努力」についての教材ならば，導入で子ども自身の生活を見つめさせるために「今がんばっていること」を問います。子どもたちは自分の生活を思い出し，自由に発言することができます。授業に向かう心がまえもここでできます。

②教材の人物とのつながりを考えさせる

教材を用いた話し合いでは「この人物はすごいな」と子どもたちが納得だけして終わることがないように，その人物と自分とのつながりを考えさせます。

例えば，「個性伸長」についての教材ならば，授業への意識を向けさせるために，「自分の良さをもっと探そう」と教材を読む前に発問します。そして，人物の個性について話し合った後に，「〇〇さんはいろんなすばらしさがあったけど，みんなにはないの？」と問うことで，子どもたちは人物の個性をもとにして，自分のことを考えることができます。

もし自分のことが見つめられないようならば，グループにして友達に伝えてもらうような活動を入れるとよいでしょう。友達と伝え合うような活動はより子どもたち自身の生活に照らし合わせた言葉が出てくるため，効果的といえます。

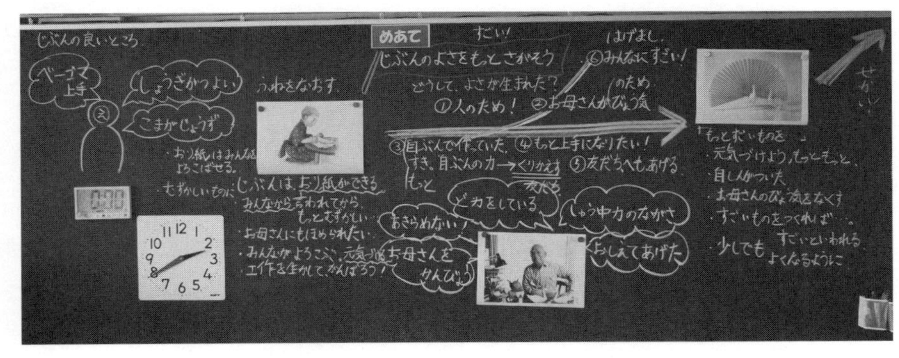

（遠藤　信幸）

振り返り

学んだことを意識させるスキル

POINT

❶自分の未来を書かせる
❷前の学習で考えたことを導入で提示する

道徳の時間で道徳的価値や自分の生活について考えたことを，どのようにさらに自分のこれからに意識させていくのかは，道徳の学習の本質といえます。ここでは具体的な方法を２つ紹介します。

①自分の未来を書かせる

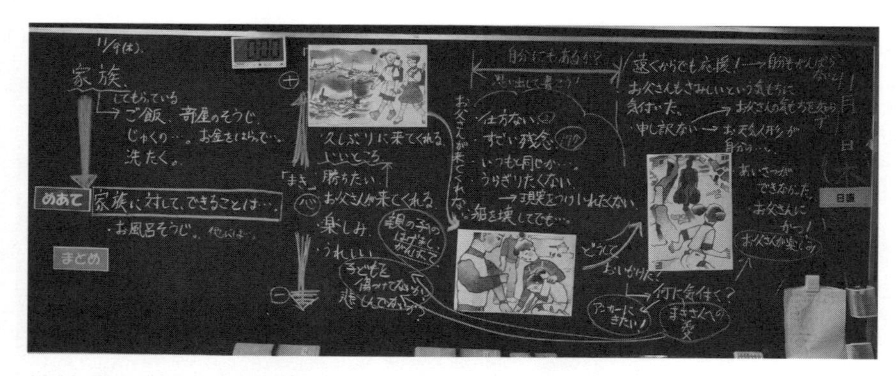

教材を用いた話し合いの後，自分のこれからについて考えさせる際に，自分の未来を書かせます。具体的には，「自分はどうありたいか」ということです。よりよい自己像ともいえます。例えば，「家族愛」をねらいとした授業の場合，教材の人物が家族に対して思ったことを自己関与させて考えさせた後，その思いをもとにして，

主人公と同じように，自分が家族に対してできることはなんだろうか。

と問うことによって，子どもたちは，教材から学んだことを生かして自分のことを考えることができます。

②前の学習で考えたことを導入で提示する

1年間の道徳の時間で，同じ内容項目を扱える回数は限られています。そのため，同じ内容項目を扱う授業では，その一つ一つのつながり自体を大切にしたいです。

例えば，「友情」をねらいとした授業では，前回の友情の授業でそれぞれが考えたことを導入で発表させます。意見が出た後，「どうしてそう考えたのか」をさらに問うことによって，子どもたちの前時で学んだ友情についての思いが表出してきます。その思いをさらに深める意図でその時間の授業を展開していくことによって，子どもたちは「友情」についてまた新たな視点で考えることができるようになります。

評価の点からも子どもたちの学習の履歴は大切に保管しておきましょう。ワークシートの他にも板書の写真を保管しておくと次時の授業などに生かすことができます。

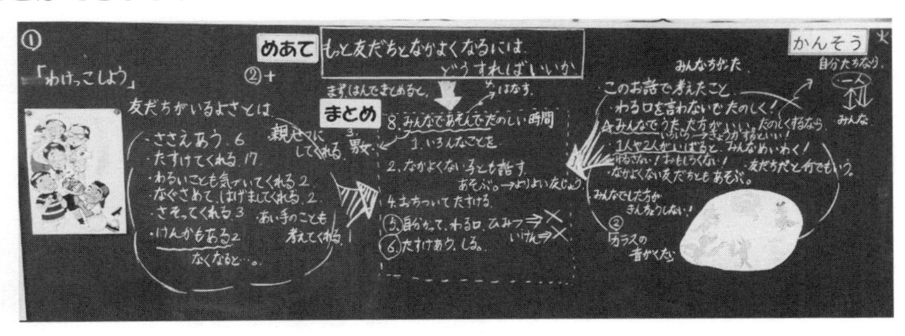

（遠藤　信幸）

振り返り

日常と授業をつなげる工夫をするスキル

POINT

❶具体的な学校生活の様子を見つめさせる
❷子どもの家族に協力を頼む

子どもたちの日常の生活と道徳の授業をよりつなげる具体的な方法を紹介します。子どもたちの日常の生活をより具体的に扱うため，「説教」のようにならないように気をつけましょう。また，方法ありきの授業にならないように，教材を用いて何を話し合うのか，何を考えさせるのかを明確にしていきましょう。

①具体的な学校生活の様子を見つめさせる

普段の子どもたちの日常の様子を記録しておきましょう。反省点だけではなく，友達との関わりや学校生活を送る上での心地よい態度など広い視点で子どもたちの様子を記録しておきましょう。そのような記録を，道徳の授業で提示することによって，子どもたちはより深く自分の生活を見つめることができます。例えば，「規則の尊重」をねらいとした授業では，導入で，子どもたちの日常生活からの題材を提示します。写真のようにみんなで使っている物が上手に使われていない状態を子どもたちに提示するだけで子どもたちはそ

の1時間，自分はどうあるべきか導入から見つめ直すことができます。ただ，ここで気をつけたいことは，「きれいにする方法を考えよう」などの方法論を問うてしまわないようにすることです。「どうしていけばいいか」は，子どもたち一人ひとりが考えることです。ここでは，一人ひとりがそういった本棚の状況を見てどう思うのかを聞いていき，そのことについて一人ひとりが自分なりの考えをもつことができればよいと思います。

また，例えば，「よりよい学校生活」をねらいとした授業の導入では，「みんなは自分たちの学校をどのように思っていますか。みんなの学校の良さとはどんなところですか」と自分たちの学校生活に関わることを聞いてみましょう。子どもたちからは多様な意見が出されます。ここで一人ひとりに自分の中にある学校への思いを思い起こさせることによって，教材の登場人物に自我関与させやすくなったり，自分のこれからの生活の在り方を具体的に見つめさせたりすることができます。板書に自分たちの学校の写真を貼ることも効果的です。

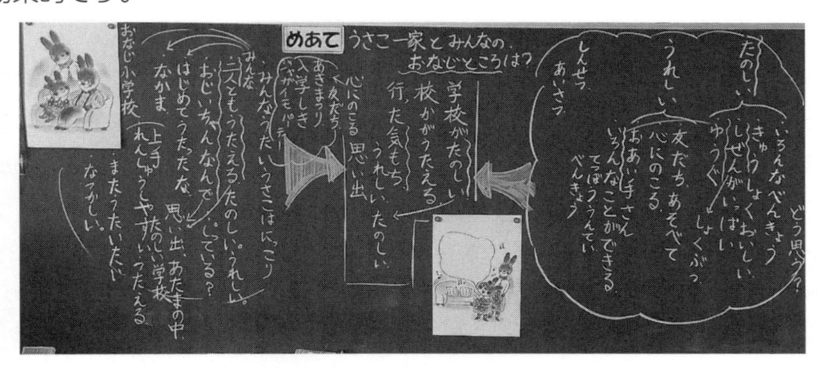

②子どもの家族に協力を頼む

日常と授業をつなげる工夫として，子どもたちの日常生活に関わりが深い家族に協力を頼む方法もあります。例えば，ワークシートを持ち帰らせ読んでもらうなどの方法です。ただ，それぞれの家庭状況の把握が難しい場合もあるので十分に配慮する必要があります。

（遠藤　信幸）

終　末

体験談を生かした説話を行うスキル

POINT

❶嘘はつかない
❷状況をイメージしやすいように話す

①嘘はつかない

道徳の指導書の終末の欄には，「教師の説話」と書いてあることが多いです。しかし，書いてあるのにもかかわらず，指導上の留意点には何も書いていないということも多いです。つまり，何をやっていいかわからずに，とりあえず自分の体験談を語ろうということになります。これは悪いことではありません。本来，道徳の時間に限らず，教師の体験談をどんどん語るべきです。家族以外で一番近くにいる大人は教師です。教師の体験談や失敗談は，何より子どもたちの学びになります。

しかし，道徳の時間の説話となると様々な注意点があります。まず，本時の内容項目に合わせた説話をしなくてはなりません。「親切」の授業をした最後の終末は，当然「親切」に関連することを話さなくてはいけません。これは簡単なようでなかなか難しいことです。ついつい教材と似た体験をでっちあげてしまうことがあります。しかし，ここで重要なことがあります。

つくり話は心に響かず，子どもたちはすぐ見破る

ということです。これでは，せっかくよい道徳授業を行うことができていて

も，最後の終末で台無しになります。

自分の体験を美化しない，嘘はつかない，これは鉄則です。教師の失敗談は，子どもたちにとって，とてもよい教訓になります。教師がちゃんとできた話も，自慢のようにさえならなければ子どもたちにとって学びになります。自分の体験談は嘘をつかず，正直に話しましょう。

②状況をイメージしやすいように話す

「そうか。嘘をつかず，正直に話せばいいんだな」と考えて，今の体験談を一生懸命話してくれる先生をたくさん見ます。それでよいのですが，いくつか注意が必要です。

⑴子どもは状況をイメージできているか
⑵教師の熱量と子どもたちの空気感に差はないか
⑶時間はちょうどよいか

一生懸命話しているが，いつの話をしているのかわからないということがあります。まず５Ｗ１Ｈを意識して話すとよいです。特に「いつ」が大切です。「先生が小学生のときの話です」など，時期を明確にしましょう。

続いて，教師は一生懸命話しているけれど，子どもたちは早く終わらないかと思っているであろう授業を見ます。興味をひきつけるように，間を大切にしながら話すことです。これはとにかく日頃の学級経営が大切になります。

最後に，時間です。たとえいい話で，よい説話になりそうでも，時間が過ぎているのに話していては，効果は半減します。研究授業は時間が延びることが多いので，説話の分の時間配分が大切になります。

始めにも書きましたが，教師の体験談は，子どもたちにとって，とてもよい学びとなります。よい説話を積み重ねていきたいものです。

（庄子　寛之）

格言・名言を生かした説話を行うスキル

POINT

❶言葉を黒板に貼り出す
❷格言が強すぎないように注意する

①言葉を黒板に貼り出す

名言・格言を使う場合，様々な工夫が考えられます。そもそも，格言を探してきただけでも，十分な工夫です。ただ，教師の言葉を子どもたちがすべて理解することはできません。また格言や名言は，難しい言葉で書かれていたり，言われていたりすることがあります。

では，どうするか。書いて黒板に貼りましょう。習字が得意な人は，筆で書くことをおすすめします。説得力が増します。私は得意というわけではないですが，習字はずっと習ってきたので，筆はよく使います。事前にパソコンで字体を出し，鉛筆で簡単に印をつけてから書けば，まあまあきれいに書くことができます。

まずは，格言の意味を端的に説明しましょう。説話にかけられる時間は長くて5分。格言を言った人の時代，その人が何をしたのか，だからこそ，この言葉にどういう意味があるのか。これらがわからなければ，言葉の価値も半減します。

言葉を黒板に貼り出す。場面絵や子どもの発言で，黒板はいっぱいだと思います。その中のどこに格言を貼るのか。45分の授業計画も大切になってきます。格言が有効に使われれば，きっと授業も指導の意図が明確になった素晴らしい授業になると思います。

②格言が強すぎないように注意する

ただ，格言や名言を使う際は注意が必要です。いくつか考えられますが，主なものは以下の通りです。

①指導の意図が明確すぎる，価値の押しつけになる
②教材より，格言の方が覚えている授業になる
③格言と，授業の流れの整合性がとれない

格言はあくまで教師が用意したものです。子どもたちの中には，教師の言ったことは正しいと思う風潮がどうしてもあります。授業の最後は，各教科であれば「まとめ」の時間。道徳の時間でも，「まとめ」の時間だと感じている子もいるかもしれません。そこに出てきた格言ですから，「この格言を覚えておけばいいな」「先生が教えたかったことはこういうことなんだな」と解釈されても仕方ないと思います。そこで，注意したいことは，「このお話を読んで考えて，私が思いついたのはこの格言であったんだよ」という授業スタイルです。「あくまで教師は子どもたちと一緒に学習している。子どもたちの発言から私（先生）はこんなことを学んだよ」ということを，日々の授業で積み重ねていくことが，教師主導ではない子どもとつくり上げる道徳の時間になるのだと思います。

授業は生き物です。内容項目を意識して行ってきた授業でも，教師の考えとずれることもあるでしょう。そんなときに，終末で流れを引き戻すような格言が貼られれば，子どもたちは道徳授業を嫌いになるでしょう。教師という１人の人としての考えが格言にこめられているというスタイルで格言は使いたいものです。

（庄子　寛之）

終　末

補助教材を活用するスキル

POINT

❶本当に必要な補助教材か吟味する
❷同じ内容項目で，以前考えたことを思い出す

終末で補助教材を使う授業をよく見かけます。短い時間で効果的に使っている授業もあれば，「ん？これはどっちが本教材だっけ？」というような授業も見かけます。有効に使わないと，効果が薄いですが，効果的に使うことで，さらなる問いをつくり出すことができる有効なスキルだと思います。

①本当に必要な補助教材か吟味する

「大きな道徳」と「小さな道徳」という言葉を聞いたことがあるでしょうか。これはあくまで造語ですが，説話で使った補助教材が一つの「小さな道徳」授業として行われていたのではないかと思うときによく使う表現です。

例えば，「生命の尊さ」の内容項目で考えてみましょう。「命を大切に」という命の価値に重きをおいた教材もありますし，「命はつながっている」という命の連続性に重きをおいた教材もあります。つまり，同じ内容項目でも，メッセージ性が違うのです。このような点に注意し，本時の指導の意図を明確にしないと，なんでもありの授業になってしまい，子どもの中の納得解が生まれない授業になります。

また，時間配分をしっかりしないと，どっちか本教材かわからない授業になってしまったり，授業時間を大幅にオーバーしてしまう授業になったりします。補助教材を使うというのは，道徳授業上級者が行うことだと，私自身は思います。本教材の教材吟味をしっかりして，補助教材が本当に必要なのかどうか検討してください。

ただ，補助教材を使うことは，これからの道徳授業で有効になる可能性も存分に秘めていると思います。使い方次第で，有効な手段になるとも考えられます。

②同じ内容項目で，以前考えたことを思い出す

終末で補助教材を用いるのは，大変リスクのあることで，よく吟味してから行わなくてはならないと書きました。しかし，補助教材でも，前の時間に行った，同じ内容項目の教材を補助教材に使うのであればリスクは少なくなります。理由は以下の通りです。

①教材の内容理解をしなくてよい。
②メッセージ性の違いは多様性として良しとされる。
③数ヶ月前の自分の考えと，今の自分の考えを比較できる。

以前45分間学習した教材であれば，内容理解は簡単で構いません。「あのときのお話の時，私（先生）はこう思ったのだけれども……」と教師の説話につなげることもできます。

同じ内容項目でもメッセージ性が違うから注意が必要と書きましたが，今回はメッセージ性が違う方が，よりその内容項目への考えを広げられてよいと思います。様々な視点から多面的・多角的に考えることができることはとても大切です。

最後に，数ヶ月前の自分の考えを想起できる長所があります。子どもたちの成長は早いです。あのとき考えていたことと今の考えの違うところや同じところについて考えることで，子どもの中の道徳性を養うことができると考えます。

（庄子　寛之）

終末

ゲストティーチャーとコラボするスキル

POINT

❶打ち合わせを綿密に行う
❷道徳の時間以外でも話してもらう

学校外から来てくださるゲストティーチャーの方の話は，とても魅力的で有意義なものであります。しかし，注意しないとゲストティーチャーの方に失礼になるだけでなく，子どもたちにも残念な時間になってしまうことがあります。

①打ち合わせを綿密に行う

みなさんは，終末の時間は，だいたい何分だとお考えでしょうか。 多くても10分，基本は５分以内かと思います。

よく考えてください。５分話してもらうために，ゲストティーチャーを呼ぶ必要があるのかということです。

わざわざ来るために，何分もかけて来ていただいたことと思います。子どもたちの前で話すのだから，しっかり準備してこられることでしょう。話そうと思ったらたったの５分。伝えたいことがたくさんあるので長くなっていたら，担任からそこまでにしてくださいと言われる。そんなゲストティーチャーの気持ちになってください。気持ちを考えてから，それでも必要なら呼ぶべきだと思います。

次は子どもたちです。授業後。「ゲストティーチャーの○○さんのお話がとても勉強になった」などと感想に書く子も多いです。「もっと長く○○さんの話を聞きたかったです」という感想もときどき見ます。教師のための授業ではありません。子どもたちのための授業です。それなのに，大人の事情により５分しか話を聞けない子どももよい気分ではないことでしょう。だからこそ，内容項目は何だから，何を何分で伝えてほしいのか事前に明確にしておきましょう。

②道徳の時間以外でも話してもらう

どんなに打ち合わせを綿密にしても，やはり５分だけ話してもらうことは失礼です。他の時間にもそのゲストティーチャーの方にお話しいただきましょう。地域の方や保護者であれば，別の機会にまたお話しいただくのもよいかと思います。遠くから来てくださった方であれば，午前中にお話しいただいたり，他の学年にお話しいただいたりすることもよいでしょう。

ゲストティーチャーの方を呼んだということは，その方はとてもその分野において魅力的な人なのでしょう。教師が経験したことのないことを経験している方だと思います。お話だけではもったいないです。たくさんの体験活動を一緒にさせてもらったり，質問タイムをとったりするべきです。

そのようなことを考えていくと，道徳の時間も１時間１時間の単品授業ではないことがわかります。「総合的な学習の時間に，道徳教育としてこのようなことをし，体験的活動をしながらこのような道徳性を養う。その２週間後の授業で，○○という内容項目で道徳授業を行う。その後，国語科では……」と考えるべきです。そこで道徳教育の別葉が役に立ってくるのだと思います。なかなか気軽に呼ぶことのできないゲストティーチャーです。計画的に呼んで，子どものためになるようにしたいですね。　（庄子　寛之）

終　末

次時への課題を明確にするスキル

POINT

❶年間指導計画（別葉）を意識する
❷子どもの実態を把握する

そもそも，現在の道徳授業では，余韻を残して内容項目について考えて終わる授業が多いです。例えば，「生命の尊さ」の授業であれば，「命って大切だな」としみじみ考えて終える授業が良しとされる風潮があります。

課題を明確にしない道徳授業が多いのです。しかし，私たちの世界は，常に課題を明確にしながら，それを改善することで発展してきました。そんな終末ができるためには，何が必要でしょうか。

①年間指導計画（別葉）を意識する

次時への課題をもつためには，この時間での自分の考えの変容に気づく必要があります。「命を大切にしなくては行けないけれども，命はつながっているから大切なんだと感じた」と考えを広げていくことで，「じゃあ，命が大切な理由は他にもあるかな？」と新たな疑問をもつことが必要です。

それらを，週１時間の道徳の時間だけで行うことは無理です。そもそも，道徳教育は教育活動全体で行われるものです。だからこそ，すべての教科の年間指導計画（別葉）を意識してみましょう。

「生命の尊さ」であれば，理科のモンシロチョウのところでも教えているかもしれません。総合的な学習の時間で高齢者の方とのふれあいや，国語の説明文の中でもやっているなど，そこを意識することが大切です。

「そんなことは教えているよ」と言われそうですが,「生命の尊さ」を意識して教えているかそうでないかで,子どもの道徳性の育成には大きな違いがあります。

毎日6時間ほどある授業の中で,今あなたは子どもたちの何を育んでいるのでしょうか。そんなことを意識すると,価値について様々な見方ができる子に育っていきます。すると,次時の課題をもつことができます。終末では,黒板を指さしながら内容を振り返り,そこで,1つ「?」を入れる説話にしましょう。例えば,「命は一つしかないって意見がたくさんでたね。でも命は1つしかないから大切なんだろうか。次の時間も今日みたいに一生懸命考えてみようね」というような形です。

②子どもの実態を把握する

最後「?」を入れる説話にするのは,上級者向けのテクニックです。何を意識するのか明確にしないと,子どもたちが「?」で混乱してしまったり,指導の意図がずれてしまったりするからです。まず,そのようなことができるクラスの実態であるのかどうかしっかりと把握する必要があります。

「この問いかけを終末で行えば,うちのクラスのA子さんはどんなことを考えるだろうか。Bさんは,学んだことをさらに深めてくれるだろうけれど,Cさんは違う価値を考えてしまうからやはりやめた方がいいか。いやそれに対してこうフォローすればよいのではないか」といった形です。こういった視点がもてるため,学級担任が道徳授業をやる必要があるということなのだと思います。

ここまで,様々な終末の行い方を紹介しました。大事なことは本教材での話し合いを大切にし,指導の意図を明確にしながらも価値を押しつけない説話ができるかが大事だと考えます。

(庄子　寛之)

指導と評価の一体化を図るスキル

POINT

❶明確な意図をもち，指導の計画を立て，実践する
❷評価の観点を通して授業を振り返り，次の授業に生かす

指導と評価の一体化を実現するためには，教師が自らの指導を評価し，その評価を授業の中でさらなる指導に生かすことが大切です。日々の授業では，子どもたちの具体的な姿を想定しながら計画を立て，授業を行い，振り返り，改善していきます。

①明確な意図をもち，指導の計画を立て，実践する

明確な意図をもって指導の計画を立てるためには，まずねらいを検討し，子どもの実態を踏まえた上で，指導の重点を明確にします。そして，教材をどのように活用するかを検討し，学習指導過程を構想します。

学習指導過程を構想するにあたっては，次の視点を意識します。

> 子どもがどのような問題意識をもち，どのようなことを中心にして自分との関わりで考えを深めていくのか

問題意識をもたせるためには，どのような発問や展開がよいのかを子どもの実態と教材の特質を押さえた上で考えます。また，一単位時間の授業の中で，自分との関わりで深く考えさせるために，道徳的価値に対する子どもの一人ひとりの感じ方や考え方をどのように引き出すか，またどのような活動

を設定するかなど，授業全体の展開を構想します。その際，指導の流れ自体が，特定の価値観を子どもたちに教え込むような展開になることがないよう留意します。

② 評価の観点を通して授業を振り返り，次の授業に生かす

授業の評価の観点は，次のようなものが考えらえます。

○学習指導過程
・道徳科の特質を生かし，道徳的価値の理解を基に自己を見つめ，自己の生き方について考えを深められるよう適切に構成されていたか。
・指導の手立てはねらいに即した適切なものとなっていたか。
○発問
・子どもが多面的・多角的に考えることができる問い，道徳的諸価値を自分のこととして捉えることができる問いなど，指導の意図に基づいて的確になされていたか。

その他にも，発言の受け止め方や教材や教具の活用の仕方，子どもの実態や発達段階に応じた指導方法，配慮を要する子どもへの対応の仕方が適切であったか，などが考えられます。

また，評価の方法として，授業者自らの授業中のメモ，板書の写真，録音，録画などがあります。学年や学校全体で取り組む場合は，他の教師による評価もあります。あらかじめ重点とする評価項目を設け，互いに授業を見合い，気づいたことを伝え合う時間を設定することも考えられます。

質の高い授業を行うためには，教師の指導観を明確にした上で学習指導過程や指導方法を工夫し，授業をし，観点をもって評価，改善に努めることが大切です。

（幸阪　芽吹）

評　価

授業中の発言や学習の様子から見取るスキル

POINT

❶具体的な子どもの発言や姿を教師がイメージする
❷メモ，ビデオ，録音，複数の教師で見取る

子どもたちの発言や学習の様子を見取るためには，「何を（子どもの姿）」「どのように（手段・方法）」見取るのかを教師が明確にします。

①具体的な子どもの発言や姿を教師がイメージする

子どもが，数多くの発言をしている姿を見取るのではなく発言の内容を見取ります。そのためには，次のことを意識します。

どのような子どもの発言（子どもの姿）が
「一面的な見方から多面的・多角的な見方へと発展している」
「道徳的価値の理解を自身との関わりの中で深めている」
といえるのか

【多面的・多角的な見方へと発展している発言や姿】（例）
・そういう考えもあるね　・別の視点でこれも考えることができるよ
・今まで気づかなかった　・もっとこういう考えもあるのではないかな　等
【自分自身との関わりの中で深めている発言や姿】（例）
・（登場人物を自分に置き換えて）○○したときには，きっとこういう気持ちだった。

・自分も同じように～なときがあった。そのときは，～と思った。

授業内で，このような発言や姿を見取るためには，授業の展開や発問を工夫します。その結果，具体的な姿が見られたときには，記録として残します。

さらに，教師は子どもから出された考えに対して「『なるほどな』と思う考えはありますか」「他の視点で考えたことはありますか」と問いかけて挙手をさせたり「（うなずいている子どもに対して）うなずいている理由をみんなに教えてくれますか」と意図的に指名をしたりして発言の様子を見取ることもできます。

②メモ，ビデオ，録音，複数の教師で見取る

授業中の発言や学習の様子を見取る方法としては，次のようなものが考えられます。

・教師がメモをとり見取る

教師の発問に対して発言や反応を授業中や授業後にメモとして残します。全員を一単位時間に見取ることは難しいため，教師が把握できる人数に絞ります。また，その授業でよく考えている子どもの発言や様子についても記録として残します。１学期などの長い期間を通して，授業内で無理なく教師が把握できるところから取り組みます。

・ビデオや録音で見取る

教師のメモに比べると時間が必要になりますが，一単位時間の子どもたちの発言や様子，考えの広がりなど，確実に把握できます。授業後に，教師が授業を振り返りながら，子どもの様子を見取り記録します。

・複数の教員で見取る

他の教員が授業の様子を観察し記録します。子どもたちの考えの広がりや深まりを客観的な視点から評価することができます。複数の教師で見合うことで，担任が気づかない姿も把握することもできます。

日常の授業の中で，少しずつ継続して取り組むことで確実な評価へとつながります。

（幸阪　芽吹）

評　価

ノートの記述から見取るスキル

POINT

❶何を考えさせたいかを明確にして発問する
❷継続して書かせることで，成長の様子を見取る

書く活動は，子どもが自らの考えを深めたり，整理したりする機会として，重要な役割をもちます。評価のために書かせるのではなく，子どもが自分自身とじっくり向き合うために書かせることに留意します。

①何を考えさせたいかを明確にして発問する

書く活動を通して，子どもたちに何を考えさせたいのかを明確にします。自分自身との関わりの中で深めさせたいのか，それとも多面的・多角的な見方へと発展させたいのか，教師の意図によって発問も変わります。

「A　努力と強い意志」の授業（例）
【自分自身との関わりの中で深めさせることを意図する発問】
「あなたは，夢や目標に向かってがんばっていることはありますか」
一輪車を転んでも泣いても一生懸命練習してできるようになりました。
途中でやめないで努力を続ければできるようになるのだと思いました。
【多面的・多角的な見方へと発展させることを意図する発問】
「がんばる気持ちを支えるものは何だと思いますか」
目標への強い気持ち，応援してくれる人の思い，家族……

教師の発問によって子どものノートの記述は変わります。その内容から，どのように子どもたちが考えたのかを見取ります。

②継続して書かせることで，成長の様子を見取る

はじめは書くことが苦手な子どもも，継続させることで少しずつ自分の考えや思いを書くことができるようになります。また，発達段階によっては，学習を通して，自分の力で考えを広げたり深めたりすることができるようになります。

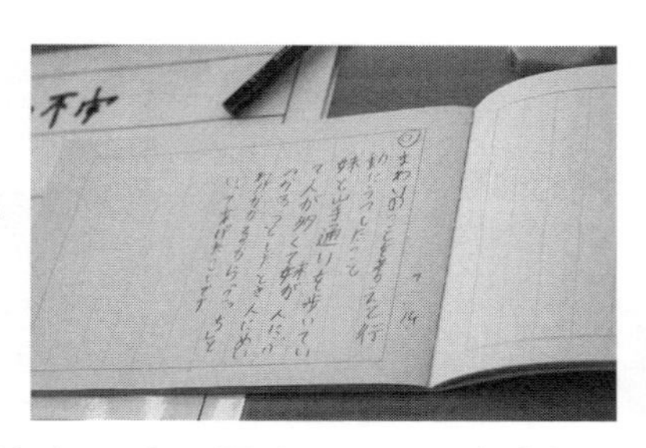

教師は，その内容から「自分自身との関わりの中で深めているか」「多面的・多角的な見方へと発展させているか」の視点で見取ります。国語の学習ではないため，文章として成り立っているか，文字を正しく書いているかなどの視点では見取りません。他にも，年間の授業を通して子どもたちの考えの広がりや深まりを見取ることもできます。

「親切・思いやり」の授業例　発問「あなたが考える親切とは」

1回目の授業　A児の記述	2回目の授業　A児の記述
お年寄りに親切にしたり，優しくしたりすることです。例えば，電車がとても揺れるときなど，席を譲ります。後から後悔したり，悪い意味で心残りしたりしないようにしたいです。	声をかけることもありますが，見守ることも親切だと思います。相手の状況がわかれば，親切にする方法（見守るのか声をかけるのか）がわかるので，まずは相手の状況をみます。

ノートの記述からA児は「親切・思いやり」について，「相手のことを考えて行動に移す」という考えから，さらに「見守る」ということも親切であると感じています。このように，継続して取り組むことで子どもたちの視点の広がりを確実に見取ることができます。

（幸阪　芽吹）

子どもの表現活動（パフォーマンス等）から見取るスキル

POINT

❶自分の役になり切り，考えを広げたり深めたりする姿を見取る
❷子どもが動きや台詞を通して感じたことを見取る

役割演技や動作化などの表現活動が「できた」「できなかった」を評価するのではなく，これらの活動を通して，子どもたち自身が自分事として考えたり，自分の考えを広げたり深めたりできたかを見取ります。

① 自分の役になり切り，考えを広げたり深めたりする姿を見取る

役割演技では，子どもたちが即興的に演じることで今までの生活で培ってきた考え方が表現されます。そのため，より自分の考えに近いものや本音が表れます。その姿を教師が見取ります。

役割演技を通して，子どもの思いを教師が引き出す

役割演技では「教師対子ども」「子ども対子ども」「複数の子ども」などさまざまな形があります。

「教師対子ども」で演じるときには，教師が「何で，そういうことを思ったの？（根拠を問う）」「もしそれをやったら，～になるかもしれないよ（見方を広げる）」など，教師も演じながら直接的な問いかけをすることで子どもの考えを引き出します。また，教師がその役になり切ることで，子どもた

ちも接し方や関わり方が変わってきます。その姿を教師が把握します。

「子ども対子ども」「複数の子ども同士」では，自分の思いが表出されているか，また，役割交代をさせることで，また別の視点から子どもたちが考えているか演技を通して見取ります。

演技終了後，子どもたちに感じたり考えたりしたことを教師が問いかける

【演技をした子どもの思い】

「はじめは～と思っていたけれど，だんだん○○な気持ちになった」

「いろいろな考えがあって迷ってしまった」「～してもらって○○と思った」

【演技を見ている周りの子どもたちの思い】

「自分だったら～するけど，○○さんの演技を見てなるほどなあと思った」

「○○という気持ちが伝わってきた」

など，演じた側と見ている側が感じたことを問いかけることで子どもたちが「自分とのかかわりで考えを深めることができたか」「多面的・多角的な見方を発展させることができたか」を見取ることもできます。

②子どもが動きや台詞を通して感じたことを見取る

例えば，挨拶の仕方一つ考えても「心を込めた挨拶」「相手の状況に合わせた挨拶」「相手によって変わる挨拶」など多様にあります。動作化では，これらを子どもたちなりに考えて表現している姿や，動作をすることで何を感じたかを見取ります。

方法として，ビデオや録音で確実に記録をすることで，その姿を把握することができます。また，授業後に教師がメモをすることもあります。

表現活動は，子どもたちの学びを深めるための一つの手段です。年間を通して，教師が意図をもって活動を取り入れ，子どもたちの学びを深めていきます。

（幸阪　芽吹）

板書の結果等から見取るスキル

POINT

❶マグネットを活用し，子どもたちの学びの様子を板書上に残す
❷板書に書かれている発言から，さらに問いかける

板書は，全員が１単位時間の授業の流れや全体の考えの深まりを共通理解するためにあります。板書本来の役割を踏まえ，評価のための板書にならないように留意します。

①マグネットを活用し，子どもたちの学びの様子を板書上に残す

子どもたちが自分の考えと近いもの，似ているものにマグネットを貼る。

板書の結果等から子どもたちの学習の様子を見取るためには，一人ひとりの学びが，最終的に板書に残っていることが必要です。

板書上に自分の考えを表現する一つの方法として，マグネット（名前や出席番号が書かれていて黒板に貼ることができるもの）の活用があります。

授業において，全体から多様な感じ方や考え方が出されるとき，または中心発問のときなどに，「自分の考えと近い」「似ている」と感じた発言に対し，子どもたちが黒板にマグネットを貼りに行きます。この方法は，発言が苦手な子ども，個別に配慮を要する子どもにとっても自分の考えを伝えさせる上で有効な手立てです。子どもたちが，自分とのかかわりでどのような考えを

もつことができているかを教師が把握します。

子どもたちがAかBかの問いかけに対してマグネットを貼り，自分の考えを明確にする

例えば，C　公正，公平，社会正義の授業で「あなたは差別がなくなると思いますか」と問いかけ，子どもたちが「なくなると思う」「なくならないと思う」という視点でマグネットを貼り，自分の考えを明確にします。話し合いの後，自分の考えが変わったかどうか，さらに別の色のマグネットを貼らせ，その変化を教師が把握することもできます。授業で扱う内容項目やねらい，発問によってマグネットを活用することが有効かどうかは異なります。そのときどきで，柔軟に活用することが大切です。

②板書に書かれている発言から，さらに問いかける

板書を通して学びを深めるために，板書にある子どもたちの考えについて，さらに教師が問いかけます。

例えば，子どもたちがマグネットを貼り終えたところで「なぜそこに貼ったか」を教師が意図的に指名し問いかけます。いろいろな視点から物事を考えさせることで，子どもたち自身の考えを多面的・多角的な見方へ発展させます。また，板書上の発言に対して「この考えについてみなさんはどう思いますか」と問いかけ，さらに深めていくこともできます。そこで交わされた議論を教師が板書上で整理したり，キーワードでまとめたりしていきます。

授業後には板書の写真を撮り印刷をします。そして，印刷した写真を見ながら子どもたちの発言や考えを教師が振り返り，個への見取りへとつなげます。その際，印刷したものに子どもの反応や授業で気づいたことを直接余白に書き込みすることもできます。「毎時間の板書写真＋気づいたことの書き込み＋ファイリング」を継続することで，子どもたちの様子を把握することができ，さらに教師の授業力向上へとつなげていくこともできます。（幸阪　芽吹）

自己評価を効果的に活用するスキル

POINT

❶子どもたち自身が自分の学びを振り返る
❷継続して取り組むことで様子を把握する

子ども自身が，自分で自分の学習を振り返り，評価することによって，本時の授業で何を学んだのか，どのような視点で学習したのかを意識することができます。そして，次の学習へとつなげていきます。

また，教師自身もその自己評価をみて，指導の在り方や指導の効果を振り返ることもできます。

①子どもたち自身が自分の学びを振り返る

子どもにとって「内容がわかりやすいもの」「自分の頑張りや特徴がすぐに把握できるもの」が，次への学びにつながる。

自己評価は，教師のための評価ではなく，子どもたちがその時間の自分の学習を振り返るためにあります。授業後に，本時の学習が自分にとってどのような学びがあったかを「自分自身との関わりの中で深めているか」「多面的・多角的な見方へと発展させているか」の視点から見つめさせます。

その際，子どもにとって自己評価の内容がわかりやすいもの，継続して取り組むことで自分の頑張りが視覚的に捉えやすいものであることが大切です。

例えば，自己評価の項目を子どもの言葉に置き換えて提示します。

【多面的・多角的な見方へと発展させる】（例）

⇒○「似ているな」「そういう考えもあるな」と，自分と友達の考えを比べながら，考えを広げることができたか。

【自分自身との関わりの中で深めさせる】（例）

⇒○「自分はどうかな」と自分自身に置き換えて考えたか。

○登場人物の気持ちや行動について「こんな気持ちかな」とよく考えることができたか。

また，子どもたちが授業を終えた後，このような項目で自己評価できるよう，教師の授業展開も工夫することが必要です。

②継続して取り組むことで様子を把握する

子どもたちの毎時間の振り返りを把握するためには，一覧表のようにすることも一つの方法です。継続的に取り組ませることで，その子どもの特徴を子ども自身も教師も視覚的に捉えることができます。

例えば，「自分が今日の学習で，特にがんばったところ２つに○をつけましょう」と問いかけ，○をつけさせます。授業の回数が増えるにつれ，その子の特徴も表れてきます。

	4/20	5/1	5/11	5/25	6/1	6/8	6/15	6/22	6/29	7/4	7/12	7/14
① 自分の考えをもち、みんなに伝えることができた。		ok		OK	○	6/8		6/22	6/29	7/4	7/12	7/14
② 「にているな。」「そんな考えもあるんだ。」などのように、自分の考えと友達の考えを比べながら聞き、考えを広げられた。												
③ 登場人物の気持ちや行動について「こんな気持ちかな。」「自分ならこうするな。」などのように、よく考えることができた。							6/15	6/22		7/4	7/12	
④ 「今までの自分はどうだったかな。」と振り返ることができた。			◎			6/8	6/15		6/29			7/14
⑤ 「こうしていきたい。」「こうすればいいのか。」などのように、これからの生活で生かしたいことを見つけられた。					○							

他にも，項目ごとに「◎・○・△」を子どもたちが書くものもあります。子どもたちにとって，すぐに取り組むことができ，さらに自分の頑張りがわかりやすく表れることが大切です。

自己評価が子どもたちの中で定着すると「道徳の授業ではこのようなことを意識して学習すればよいのか」という学び方へと意識が向くようになります。常に子どもにとっての自己評価であることを意識します。　（幸阪　芽吹）

子どもの相互評価活動を生かすスキル

POINT

❶どのような理由から相手を評価したのかを問う
❷子どもたちに，聞き合うことのよさを感じさせる

子どもたち同士の相互評価は，友達の学習状況を評価することを通して「互いに学習する姿を認め合う」ことができるとともに「自分自身の学びの広がり」に気づくこともできます。

①どのような理由から相手を評価したのかを問う

子どもが評価した理由をもとに，教師が「自分自身との関わりの中で深めている」のか「多面的・多角的な見方へと発展させている」のかを捉える。

相互評価の視点としては，一単位時間において子ども自身が「この考えが素敵だな」「自分の考えは自分にとって新しい視点だな」と感じたことを問いかけます。このとき「特定の相手」ではなく「学級全体」という視点で考えさせ，自分の考えが広がったり深まったりした友達の発言を意識させます。

次に，なぜそのように思ったのかという理由を問いかけます。すると，評価の理由が「自分自身との関わりの中で深めている」からなのか「多面的・多角的な見方へと発展させている」からなのかを教師は把握することができます。

【相互評価を行う子どもの姿①】

○～という考え（発言）を聞いて，なるほどなと思った。

○～という発言で，自分はまったく思いつかなかったのですごいと思った。

○～という考えから自分は考えがもてなかったけれど，もつことができた。

◎今日のピカイチ
すてきな発言の友達は
□さんです。
理由がいっちゃんの気持ちになったときに不安と発言してぼくは全く思いつかなかったのですごいと思いました。

【教師の評価】

評価者自身が，（相互評価を通して）自分の考えが広がったり深まったりしたと感じている。多面的・多角的な見方へと発展させることができた。

【相互評価を行う子どもの姿②】

○～という発言が，気持ちの変化をよく考えているなと感じた。納得できた。

○～という考え（発言）が今までの話し合いを踏まえてまとめるものだった。

○～という考え（発言）が登場人物の気持ちをよく考えていると思う。

◎今日のピカイチ
□さんの考えです。
□さんは，本当の親切を考える時に，「本当に必要な時だけ声をかける」ということを言っていて，一番なっとくできた。

【教師の評価】

評価者が評価対象児に対して，評価対象児が「自分とのかかわりの中で考えを深めている」と感じている。

なお，相互評価を行った理由の中で，「声がとても大きかった」「わかりやすかった」などは，道徳科の評価としては異なるので留意します。

②子どもたちに，聞き合うことのよさを感じさせる

相互評価活動を行うと，子どもたちは自分の考えが広がったり深まったりしていることに気づきます。また，よい点を認め合うことで，友達と学ぶことのよさや楽しさを感じます。時間が可能な範囲で，子どもたち同士に思いを伝え合わせ，これからの学習への意欲を高めていきます。　（幸阪　芽吹）

役割演技を活用するスキル

POINT

❶ウォーミングアップで身体を解放する
❷ねらいに応じて，教師も様々な役割を担当する

役割演技を大別すると，３つの方法があります。

①望ましい行動を，決まった方法で練習する。（スキルトレーニング）

②教材を模倣して演じ，心情や状況を把握する。（動作化や劇化）

③自分で考えて，自由に話したり行動したりして演じる。

役割演技というと，③を示すことが多いようです。その場で子どもが自発的，即興的に演じながら，価値に対する深い理解をしていく活動です。ねらいに応じて適切に行っていくことが大切です。

①ウォーミングアップで身体を解放する

役割演技は，身体を解放させて自由な発想で行います。ですから，子どもが，緊張を取り除き，積極的に参加できるように準備することが大切です。特に，高学年は，演じることへの抵抗感や恐怖感をもってしまうからです。

子どもが役割演技に拒否反応を起こさず，「やりたい」と思えるようにするには，「準備」つまりウォーミングアップが大切です。自由に体を動かし演じたり，自由に話し合ったりする活動を数多く経験することで，子どもは「演じる」ことを楽しいと感じるようになります。例えば，ジェスチャークイズや伝言ゲームなどは，子どもも喜んで参加します。このような活動を数多く行い，朝や帰りの会，学級活動の時間でも積極的に行うと効果的です。

②ねらいに応じて，教師も様々な役割を担当する

実際に役割演技を進めることになると，教師には，多くの役割が出てきます。まず，「どの程度自由に演じさせてよいのか，見る側はどのように見ているのか」など子どもをしっかりと把握しながら進行します。道徳的な価値に気づいたり，深く考えたりしているときは見守り，演技を進めます。しかし，他者（友達）の心を傷つけそうになったり，行き詰まったりしたときは，ストップやリセットをさせます。

誰に演じてもらうかを決定することも大切な教師の役割です。全員に役割演技をさせることは不可能ですから，スムーズに演じられる子，ねらいに早く迫ることができそうな子などを，素早く判断し指名します。

次に，演じる子どもとともに，「見る側（観客）」の様子も把握しておくことが大切です。大多数の子どもが，「見る側（観客）」になるからです。役割演技では，演じる側だけでなく，見る側の態度や気づきが重要になるのです。そして，教師は見る側に対して，「見て感じたこと，気づいたこと」を自由に発言させていきます。その際，上手に演じたことはあまり問題にしません。あくまでも，ねらい（道徳的価値）に関わる内容を話し合います。

また，子ども同士の役割演技では，両者に遠慮があったり，ねらいから逸れたりすることがあります。そのようなとき，相手役（これを「補助自我」といいます）を教師が行うことがあります。そして，ねらいとする価値を気づかせたり，深く考えさせたりしていくのです。このように，教師は，演じる子ども，見る子どもの姿やねらいへの迫り方を把握しながら，役割演技をコーディネートしていきます。

そうすることで，子どもの琴線に触れて心を動かすような役割演技が生まれてきます。

（尾身　浩光）

多様な指導法活用

構成的グループエンカウンターを活用するスキル

POINT

❶ねらいに応じてエンカウンターを行う場面を位置づける
❷明るく温かい雰囲気のもと，活動を進める
❸ワークシートでシェアリング（振り返り）をする

構成的グループエンカウンターは，子どもが体験的な活動をする中で，自然に道徳的な価値に気づき，道徳的なモラルを身につけていく活動です。エクササイズ（活動）を意図的，計画に行うことで，より多くの効果が期待できます。

①ねらいに応じて エンカウンターを行う場面を位置づける

エンカウンターを用いた授業は，大きく３つのパターンに分けることができます。

⑴教材を用いての学習→エンカウンター→シェアリング（振り返り）
⑵エンカウンター→教材を用いての学習→シェアリング（振り返り）
⑶エンカウンター→シェアリング（振り返り）

⑴では，まず教科書や読み物教材を用いて道徳的な価値を理解します。その後，エンカウンターを行い，道徳的な価値のよさを実感していきます。⑵では，前半にエンカウンターを行い，多様な体験を行います。その後，教材

を通して，道徳的価値に対する理解を深め，一般化を図っていきます。(3)では，エンカウンターを１時間の授業の中心に据えてねらいに迫る方法です。このときは，１つのエクササイズを繰り返し行ったり，２回のエクササイズを行ったりすることで，道徳的な価値の深まりができていきます。

②明るく温かい雰囲気のもと，活動を進める

子どもの心や体が解放されていると，活動がスムーズに進められます。安心して活動したり，振り返ったりできるからです。そのためには，何といってもコーディネーター役の教師の役割が大切になります。全員が気持ちよく参加できる環境づくりを進めるのです。時には笑顔で盛り上げたり，静かに行う活動では柔らかな声かけをしたり，といった教師の姿勢はとても大切です。また，友達同士で励ましたり，支えたりする雰囲気づくりも行います。そのため，活動後，賞賛し合ったり拍手したりしながら，お互いのよさを認め合います。そのようにして，学級を楽しく温かな空間にしていきます。

③ワークシートでシェアリング（振り返り）をする

活動を行い，多くのことを実感したら，それを友達と話し合い，意見交換して考えを深めたり，振り返ったりする場面が必要です。それがシェアリングの時間です。その際，ワークシートを使うと有効です。ワークシートには，最低２つのことは書かせます。(1)主体的に参加できたか，(2)友達と協働しながら活動を進めることができたかなどです。このことに加えて，活動を通して考えたことや今後に生かしたいことなどを振り返ります。

すべてを記述するのは大変ですので，子どもの状況に応じて，４段階（A～D）で○をつけるだけの評価も可能です。また，記述でも長く書くことなく，２～３行程度にとどめるとよいでしょう。いずれにしても時間をあまり費やさずに，その場の温かい雰囲気を共有したいものです。

（尾身　浩光）

モラルスキルトレーニングを活用するスキル

POINT

❶教材から状況や心情をつかみ，価値の理解と行動目標を決める
❷どの場面でも行動できるスキルをロール・プレーイングで獲得する

モラルスキルトレーニング（以下「MoST」とします）では，「道徳的価値を理解しながら，望ましい行動のスキルを獲得する」を目指しています。教材とロール・プレーイングを使って活動を中心に進めるMoSTを，中学年「正義のスキル」を例に説明します。

①教材から状況や心情をつかみ，価値の理解と行動目標を決める

MoSTでは，あまり教材中の人物の状況や心情の把握に時間を費やしません。できるだけ短めの教材や場面絵などを使って場面の状況把握に努めます。教材の状況確認を簡単に済ませたら，２人１組になって互いに質問し合うペアインタビューと中心発問が１つといった程度です。友達同士の短い応答や話し合いの中で，的確に状況や心情を考えたり，道徳的価値を理解したりしていきます。

このような話し合いを行った後，授業で獲得してほしい行動スキルを確認し，行動目標を確認していきます。例えば，目標スキルを「無理な命令をする人への注意の仕方」と定め，行動目標を決めます。⑴状況や立場の理解，⑵善悪の判断，⑶当事者の顔をしっかりと見る，⑷大きな声で注意する，⑸その後の対応を考える，の５つです。この行動目標を教師と子どもとで確認

しておかないと，「誰でも…どのような場面でも…適切な行動ができるスキル」が獲得できないからです。絶えず行動目標を意識していれば，どのようなときにも望ましい行動が取れると考えているのです。

②どの場面でも行動できるスキルをロール・プレーイングで獲得する

MoSTでは，身についた行動スキルが，どのような場面や状況でも発揮できることを目指しています。ですから２つの違った場面をロール・プレーイングする活動を取り入れます。例えば，最初は「祭りの日，同級生にお金を貸してと言われ，困っている友達を助ける場面」で，「お金の貸し借りはだめだよ」ときっぱり言えるようロール・プレーイングをします。

次に正義の行為が，違った場面でも発揮できるよう２回目のロール・プレーイングをします。このときは，ややハードルが高くなります。「スポーツクラブの終了後，上級生から後片づけをやっておいてと指示された。そのとき，どのように言いますか」といった場面です。同級生から上級生に変わったことで，さらに大きな勇気が必要になってきます。いきなり２回目の場面を提示し，子どもの考えや行動が落ち着かないままにロール・プレーイングをすると，混乱してしまうことも予想されます。そこで，大切にしたいのが，メンタルリハーサルです。状況を落ち着いて捉え，頭の中でどのような行動を取ったらよいかをまずイメージトレーニングしてから，２回目のロール・プレーイングに取り組ませるのです。そうすることで，子どもは１回目の様子を思い出し，冷静に対処することができるのです。

MoSTも授業の最後は，シェアリングで終わります。感想を言い合ったり，今後の生活に生かせそうかを発表したりします。よい行動の再確認をすることもあります。とにかく大切なのは，「みんな素晴らしいスキルを獲得したね。これからの生活が明るくなるね」といったメッセージを互いに送り合うことです。そして，スキル獲得の自信と生活へ生かす態度であふれた雰囲気をつくり出していきます。

（尾身　浩光）

多様な指導法活用

問題解決的な授業展開にするスキル

POINT

❶思考ツールを使って，解決策を整理させる
❷解決策をグループで話し合わせる
❸最終決定は，道徳的価値を加味して決定する

問題解決的な授業では，自ら考え，判断し行為を選択することで，論理的に考え，創造的な解決策を考えるような力をつけていきます。では，どのように進めたらよいかを，高学年「ロレンゾの友達」を例に説明します。

①思考ツールを使って，解決策を整理させる

	長所	短所
自首をすすめる		
逃がす		
その他		

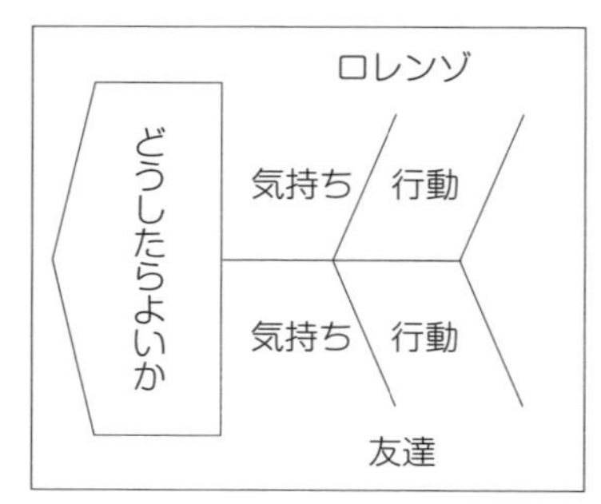

現在，様々な思考ツールがありますが，道徳科の授業でも思考ツールは，極めて有効です。自分の考えをしっかりと整理して考えることができるからです。「ロレンゾの友達」では，「友達は，どのような行動を取ったらよいだろうか」といった発問に対して，右上の図のようなマトリックス型のツールが使えます。こうして，様々な解決策を上げ，その長所と短所を考えることで，どの方策を取ったらよいかを子どもが考えられます。同じ発問に対して，右下のようなフィッシュボーンを使う方法もあります。子どもは，自分なり

に判断をするために，ロレンゾの気持ちと行動を書き込みます。次に友達３人の気持ちや行動を書き込みます。

これらをもとに，どの行動を取ったらよいかを決め，左（魚の頭にあたる部分）に書き込みます。自分の考えを視覚化させ，明確にしていきます。

②解決策をグループで話し合わせる

ワークシートに書き込んだものは，グループで見せ合ってから議論を進めます。友達のシートと比べ合い，異同を確かめたりすることで，互いの考えのよさに気づくことができます。友達の意見や思いを聞いたりすることで，多面的・多角的な考えが獲得できるわけです。

グループの構成人数は，クラスの実態によって異なりますが，概ね３～４人が望ましいように思います。１人目が進行役，２人目が発表，３（４）人目が聞き役と質問役というように役割が分担できるからです。全員が発表し終わったら，全体での発表に備えて，グループで話し合ったことをホワイトボードや画用紙に書き込んだりします。

③最終決定は，道徳的価値を加味して決定する

最終決定は，子どもが考えたものに委ねるのが原則です。しかし，決定がねらいとする価値から大きく逸れてしまうこともあります。そのようにならないために，ねらいというフィルターを通して，意志決定をさせたいものです。「ロレンゾの友達」であれば，次の発問を加えます。

> 本当の友達（あるいは友情，信頼）といったことを踏まえて，友達として最もよいと思われる行為を選択してください。

この言葉を加えることで，子どもは思いつきではなく，道徳的価値に照らして，最も望ましい行為を選択していきます。意図をもった問題解決的な授業であることを念頭に入れておくことが大切です。

（尾身　浩光）

複数時間扱いで深めるスキル

POINT

❶１主題（ねらい）２時間扱いの授業で「深い学び」を生み出す
❷現代的な課題を複数時間で扱い，多面的・多角的に迫る

道徳科で「複数時間の指導」を進めるケースには，２つあります。１つは，１つの主題（ねらい）を２時間連続で行う授業のようなパターンです。２つ目は，異なったねらいをもった授業が複合し，１つの大きなテーマや主題をつくり出すパターンです。以下にそれぞれについて説明します。

①１主題（ねらい）２時間扱いの授業で「深い学び」を生み出す

私たちは，考え，議論する授業を進め，「深い学び」の実現を目指しています。そのためには，子どもがじっくりと考えたり話し合ったりする時間が必要になってきます。現在，小学校では45分（中学校では50分）が１単位時間ですが，自分の考えや振り返りの作文を書いたり，友達やグループとじっくり話し合ったりする時間を十分に確保できない場合があります。話し合いが活発になり，考えが深まっていけばいくほど，最後の振り返りの時間がなくなってしまう，といったジレンマに陥ってしまいます。

そこで，これまで１主題１時間で完結させていた授業を２時間扱いにするとどうでしょう。ワークシートに自分の考えを書く活動，友達と議論する活動，振り返る活動をゆったりすることができます。特に，じっくりと考えることで力が発揮できる子どもには，有効な手立てといえます。

② 現代的な課題を複数時間で扱い，多面的・多角的に迫る

道徳科では，現代的な課題を取り扱うことを求めています。そこには，生命や人権，自然環境保全，社会正義，国際親善など多くの問題があります。このような問題の解決には，複合的な価値が関わってきます。例えば，いじめのような人権問題に関わる内容では，学習テーマを「命の重さを考える」と設定して，「公平，公正，社会正義」，「友情，信頼」，「生命の尊さ」，「親切，思いやり」など様々な道徳的価値から迫ることも可能です。命やいじめなどを多面的・多角的に捉えさせていくのです。

このような１主題（テーマ）複数時間を設定するには，次の点に留意することが必要になってきます。１つ目は，「明確な意図や関連をもって指導を行う」ことです。教科書やその他の教材を丹念に検討し，関連づけることのよさや指導順序などを検討し，計画的に行っていきます。

２点目は，他の教科や活動と関連づけて指導を行うことです。例えば，環境問題に関わるテーマの学習では，社会科や総合的な学習の時間，学級活動などと関わってきます。総合的な活動において，地域の自然や環境を生かしながら，道徳科の時間で，「一ふみ十年」（高学年向け教材）を扱い，自然愛護の態度を育てることも可能です。

３点目は，子ども自身に単元を貫いたテーマや問題意識をもたせておくことです。１時間目の最初に「命の重さをテーマにこれから４時間の授業を進めます」「自然を愛する意味を探っていこう」などとすると，子どもの問題意識が生まれ，授業への意欲も高まっていきます。

４点目は，多様な指導法を組み合わせることです。感動を与え，深く心情を考えさせたいときには，読み物教材をじっくり読み味わうような指導が効果的です。適切な行動について体感させたいときには，MoST やスキルトレーニングを行ったり，問題解決的な学習を取り入れたりするなど，様々な方法を取り入れるとよいでしょう。

（尾身　浩光）

ICT 活用

動画を活用するスキル

POINT

❶映像メディアを分析する
❷時間配分を適切にする

主たる教材は教科書ですが，学習指導要領には，「多様な教材の活用に努めること」と明示され，学習指導要領解説では，「映像メディア」なども含めて多様な形式の教材活用を例示しています。ここでは，動画を活用するスキルとして，教育番組の授業活用を例にして考えたいと思います。

①映像メディアを分析する

道徳の授業で活用できる映像メディアには，様々なものが存在しますが，NHK for School（http://www.nhk.or.jp/school/）は，学校向けに制作している様々な教育番組や動画クリップ（学習内容のエッセンスを簡潔にまとめたショートムービー）の視聴を始め，授業用のワークシートや指導案，電子黒板用のコンテンツなどが整備されているポータルサイトです。

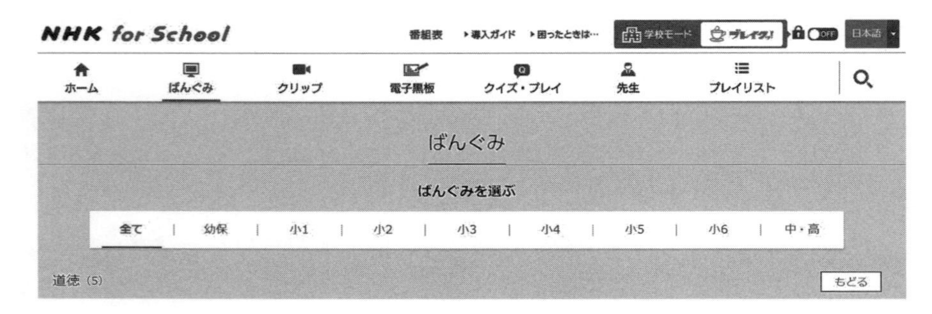

自校の道徳教育の年間計画に基づいて番組を視聴する場合や，動画の魅力を自身の授業に取り入れる場合，いずれにおいても，授業者は，その映像メディアの内容を事前にしっかり目を通して分析しておく必要があります。そして，授業のねらいに基づいて，その映像メディアを「教科書とセットで」どう活用するのか考えるのです。

私は，以下の３つの分類で授業を計画しています。

⑴教科書で道徳的諸価値の理解の後，映像メディアを視聴し，議論する
⑵映像メディアで興味や関心を広げ，教科書で学習を深める
⑶教科書の理解を促すために，映像メディアを補助的に活用する

繰り返しますが，あくまで大切なのは，「授業のねらい」です。

映像メディアの感想だけで終わることのないよう，動画という魅力的な映像メディアを「自分が使いこなす」意識をもって授業を計画しましょう。

②時間配分を適切にする

そのためには，ねらいに基づき，適切な時間配分を考えます。

私は，以下の３つの時間配分を中心に，授業を計画しています。

⑴教科書につかう時間
⑵映像メディアにつかう時間
⑶考え，議論する時間

映像メディアはたいへん魅力的な教材ですが，その一方，あらすじをなぞるだけの授業になってしまうことが，私の経験上ありました。

大切なのは，⑶の確保です。

ねらいをもって，映像メディアの見せ方（すべて見せるのか，一部だけ見せるのか，通して見せるのか，途中で一時停止しながら見せるのか）を考えることこそが，動画を有効に活用するということであり，授業を一層充実させることができるはずです。

（石本　周司）

ICT 活用

タブレット PC を活用するスキル

POINT

❶使用ルールを定着させる・操作に慣れる
❷多様な思いや考えを可視化する

受け身的な授業から，主体的・対話的な学びへ転換するための一つの手段として，ICT，特にタブレット PC の活用が大いに期待されています。ここでは，タブレット PC を活用するスキルとして，全員参加へと導く授業について考えたいと思います。

①使用ルールを定着させる・操作に慣れる

持ち出し可能なタブレット PC は，いわば教具のような物であり，一人一台の環境が整えば，子どもにとって，ますますノートや鉛筆のような文房具に近い存在になります。様々な機能の中から授業のねらいに応じて一部の機能を限定的に授業で活用するわけですが，いきなりそのような授業が実現

できるわけではありません。根気強く毎日続けることで教師も子どもも操作に慣れていくのです。自校の情報教育の全体計画に基づき，タブレット PC の操作方法や文字入力の仕方，カメラの使い方などを，発達段階に応じて適切に身につけるよう，日常的にスモールステップを重ねて

定着を図ります。また，自校のルールを確認し，パソコン室などからの持ち出しから返却まで，無線への接続の仕方など様々なルールも併せて，スムーズに授業の中で活用できる土台づくりを進めます。

②多様な思いや考えを可視化する

自校のタブレット PC に，授業支援（情報を集約し共有する）の機能があると思います。その機能（アプリ）を使うと，以下の手順で，子ども一人ひとりの思いや考えが生かされた全員参加型授業の基本的な流れが実現できます。

⑴一人一台，自分のタブレットに，自分の思いや考えを書き込む
⑵互いに比較し，自分の考えを見直し，道徳的実践への思いをもつ

アナログ環境では時間がかかって困難なことが，タブレット PC を使うと，簡単に短時間で実現することができます。⑴では，文字に限らずイラストなどの描き込みも含めて多様な表現方法が可能ですから，道徳的価値を自分とのかかわりで考える場合の有効な表現手段になるのです。⑵では，自分のタブレットを他の子どもに見せながら，思いを伝えることができます。その中で，自分と友達の共通点や相違点を見つけたり，見方を広げたりすることができ，道徳的価値への多様な考え方に気づくことができるのです。教師は，それらのデータを大型提示装置に映すことで，道徳的実践の大切さや難しさに気づくように話し合いの輪を広げていくのです。

繰り返しになりますが，タブレット PC はあくまで教具であり，学びの手立ての１つです。タブレット PC を活用することで，一人ひとりが考え，議論できる授業づくりをより機能的，効率的に目指すのです。

そのためには，自校の情報教育の全体像を把握した上で，機器操作のスキルアップを計画的に取り組み，授業のねらいをもって，タブレット PC の使い方（教師用は一斉学習，グループ１台で協働学習，一人１台で個別学習といった各場面）を考えることで，授業を一層充実させることができるはずです。

（石本　周司）

ICT 活用

電子黒板を活用するスキル

POINT

❶アナログとデジタル，総合的に板書計画を考える
❷電子黒板の利点を生かす

電子黒板の特徴は，何よりも視覚的なわかりやすさです。様々な機能を用いることで，私たちの授業の可能性を大きく広げてくれます。ここでは，電子黒板を活用するスキルとして，従来の黒板との関係性や，効果的な活用方法について考えたいと思います。

①アナログとデジタル，総合的に板書計画を考える

黒板は，子どもにとって最も馴染みのある教育メディアです。ここでは，黒板を主たるメディアとして位置づけ，電子黒板を副次的なメディアとして考えたいと思います。黒板のメリットは，先生がチョークで書いたり消したりする行動によって，人間的な温かみと独特のリズムを生み出すことができます。一方，電子黒板では，様々な視聴覚教材を自由自在に提示することが可能です。このことからも，黒板には，一時間を通して残しておきたい主たる情報（教材の内容がわかる構造図，議論の道筋など）を記し，電子黒板は，それを補ったり支えたりする，より詳しく細やかな情報提供の場として設定します。黒板の構造図で俯瞰し，電子黒板で，自由に教材や補助的な教材を行き来するというイメージです。

よって，両者に何をどう表すのか，二つの板書計画をそれぞれの役割に応じて考えておく必要があるのです。

②電子黒板の利点を生かす

最もシンプルで効果的なのが，教科書を映すという使い方です。ICT 活用の基本は，「大きく映す」です。

⑴教科書（教材）の全体を映す

⑵一部分を拡大する

⑶必要に応じてマーキングする

単に大きく映すことだけでも，子どもの視線がそこに集中し，教室の一体感が生まれます。また，子どもの教科書と全く同じものが映っているため，教師の指示や説明といった働きかけも，言葉だけのときに比べると，ずっと具体的でわかりやすく伝えることができるのです。

あとは，授業の流れに応じて，教科書のポイントとなる部分や挿絵・資料などを拡大したり，マーキングすることで，子ども一人ひとりが考え，議論する活動に対する電子黒板の利点を生かした効果的な支援が実現します。

また，電子黒板は，あらゆるデジタルデータを映し出すことができることから，授業の終わりに道徳的価値の実践化への意欲向上を図る場面でも，心をゆさぶる映像とともに教師の説話を行うと，たいへん効果的です。

自校の電子黒板の機能や使い方を確認し，「動画を活用するスキル」や「タブレット PC を活用するスキル」とともに，合わせ技で活用すると，授業をより一層充実させることができるはずです。（出典　電子黒板アプリ miyagiTouch，『小学校道徳 読み物資料集』文部科学省）

（石本　周司）

自作教材のタネを見つけるスキル

POINT

❶「未来」を見据えたテーマを発掘する
❷複数時間で扱う，他教科との連携も視野に入れる

道徳は多くの読み物教材が存在します。「読み物」というと物語を連想しますが，写真や図，ある事柄についての調査資料なども読み物教材として扱うことができます。教材開発は実に多様で，可能性にあふれているのです。固定観念を捨てて視野を広げてみるとワクワクする教材があふれています。

①「未来」を見据えたテーマを発掘する

教材の開発は，子どもたちの「これから」を考えていくとよいでしょう。例えば，個性の伸長や生命の尊さ，思いやり親切などの授業をする際にAIを教材にして行います。これらは教科書教材でも十分に学習は可能です。ポイントは，子どもたちの「これから」を見据えるということです。今，私たちの身近には多くのAIが存在します。では，子どもたちが大人になった頃はどうなっていると思いますか。AIがもっと身近に一緒に働いているかもしれませんし，一緒に住んでいるかもしれません。AIが単なる機械としての存在ではなく，AIにも命を見出すことができる大人になり，AIも人間も共に生きることができる世界になったら…そう考えたとき，

AIを教材にできないかという発想に至るのです。

②複数時間で扱う，他教科との連携も視野に入れる

教材を扱う時間は1時間という限定はないので，複数時間で扱うことも可能です。今回は，子どもがAIと関わる中で耕されていく心に着目し，子どもの心の変容を丁寧につなげていけるよう複数時間で計画をしました。AIとの関わりを通してAIの言語の聞き取りや発声の仕組みをプログラミング的に学習したり体験したりする時間も設け，情報教育やプログラミング学習との連携も視野に授業をデザインしました。

個性の伸長をねらいとする授業では「AIと自分の違い」を話し合い，初めは全然違うと思っていた子どもも，形は違うけれど似ている部分が多いと考えに変容が見られました。また，似ているからこそ「AIに命はあるのか」という問いが生まれ，AIの命を考えながら自分の命についても考えを深めていきました。

そして，命は何かわからないけれど，命を感じるときはたくさんあるという気づきが生まれたのです。教材は，子どもが主体的に考えるしかけの1つにすぎません。他にも映像資料や写真など教材は多様にあります。ぜひ，目の前の子どもたちの「これから」を考え，教材開発に挑戦してみましょう。

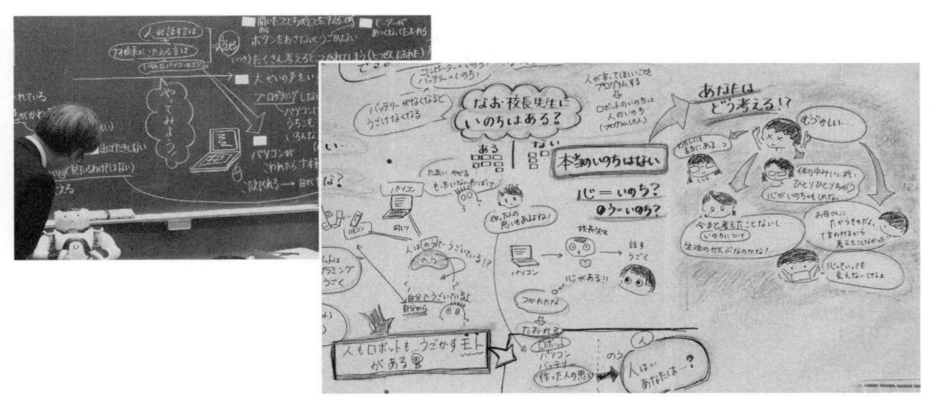

（面川　怜花）

読み物教材（自作）を開発するスキル

POINT

❶創作教材は，起承転結の“転”をしっかり考える
❷実話教材は，エピソードを端的に作成する

道徳の時間は教科書だけでなく，絵本などの読み物も教材として活用することができます。ただ，“子どもと一緒に考えたいな”と思って絵本を選んでも，読むだけで15分以上かかってしまったり，内容が多いとどう扱っていいか悩んでしまったりすることはありませんか。そうした普段の教材への悩みは，自作教材を開発するチャンスと考えましょう！

教材は，大きく２種類にわけることができます。１つ目は創作教材，もう１つは実話教材です。細かく分けていくともっと多岐にわたり分類することができますが，今回はこの２つについてお話しをしたいと思います。

①創作教材は，起承転結の“転”をしっかり考える

創作教材を作成する際は，絵本をイメージするとわかりやすいかもしれません。登場人物は動物や植物，子どもと同世代の子など様々ですし，ストーリーも実に多様に考えられます。そこでポイントになるのが起承転結の“転”です。ここから考えてみましょう。考えるポイントとして，
⑴子どもが考えたくなるキーワードを入れる
⑵葛藤場面をつくる
⑶あえて何も書かない空白をつくる（子どもに考えさせる）
⑷演じやすい会話を中心にする

などがあげられます。これらをすべて取り入れるのはとても大変なので，１つか２つ選んで意図的に取り入れてみるとよいでしょう。例えば，(2)と(3)を選んだとします。次に(2)，(3)を詳しくしていきます。どちらも，本時で子どもと一緒に考えたい価値や，ねらいを吟味しながら(2)，(3)を考えていくと“転”ができあがっていきます。ある程度できたところで，起承転結の他の部分を考えていきましょう。大事なことは，ある程度“転”を作成した時点で一度他の部分を作成するということです。転は大事ですが，教材開発は，あくまで子どもが意欲的に考えられるようにするためのきっかけにすぎません。教師の意図的な思いばかりが先行しないように気をつけましょう。

②実話教材は，エピソードを端的に作成する

事実をもとにした実話教材を作成する場合は，“端的”がポイントです。作成の仕方は①のポイントもぜひ取り入れてみましょう。

実話教材は，事実に関わる人物，その関係性，そしてその背景など，事実をすべて理解した上で考えることになると，どうしても情報過多になってしまいます。道徳の読み物教材は，あくまで考える“きっかけ”にすぎません。ただ，実話教材は，間接的でもその事実と向き合えるよさがあります。子どもが自分で考えられる時間を多く確保できる程度の文量にしましょう。また，実話教材は自分を投影しやすく，子ども自身が「自分だったら…」「もし，自分がそこにいたら…」「この人はどういう思いでその生き方を…」など，教材をきっかけに多角的に考えられるよさもあります。

事実をもとにしますので，社会的な内容でも構いませんし，先生自身の過去の経験なども教材にすることができるでしょう。ぜひ，先生にしかつくれない実話教材にチャレンジしてみましょう。また，文量によっては，学習の最後に話す説話として活用することも可能です。実に様々な学習場面での活用ができますので，時間があるときに少しずつ書き溜めておくとよいかもしれませんね。

（面川　怜花）

ミニホワイトボードを活用するスキル

POINT

❶知っている！「つもり」から学習課題をつくる
❷実生活とのつながりを意識化する

道徳で学習する内容は，子どもにとって普段の生活の中で「わかっている」と感じるものも多くあります。でも，本当にそうでしょうか。わかっている「つもり」だということが実は，とても多いのです。そこで，自分の心と向き合える場を視覚的につくります。ホワイトボードを使うよさは２つあります。

①自分の考えていることが明らかになる
②導入時と授業終盤での心情の変容を見取る手立てとして活用できる

①知っている！「つもり」から学習課題をつくる

例えば，「みんなのものを大切にしよう」という規則の尊重をねらいとした授業で考えてみましょう。「みんなが使うもの」は，学校や教室の中，公共の場所，家庭等とても身近に，そして多様にあります。自分では大切に使っているつもりだったけれど，実はそうではないときも…というように，導入時に自分たちの生活を振り返る場面をしかけることで，子ど

もたちが自分で課題をもち学習に臨むきっかけができます。

また，②にもあるように，導入時のホワイトボードに学習の終盤に再度，自己を振り返り書き加えることもできます。上書きをするという感覚でしょうか。これは「実生活とのつながりを意識化」させることにもつながります。

②実生活とのつながりを意識化する

畏敬の念「美しい心」をねらいとした授業で，「美しいと感じたことはありますか」と聞いても，子どもたちは全く浮かんで来ません。日常から「あぁ，美しい」などと考えないからです。

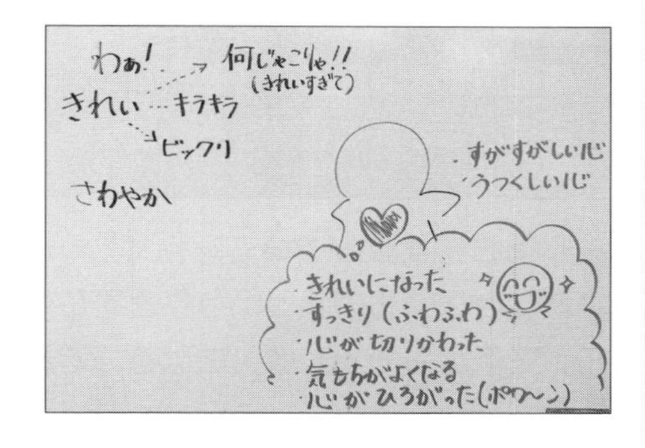

畏敬の念を考える際は，感動教材を扱うことが多いと思います。例えば，低学年では「七つの星」があげられます。もちろん，感動教材では教材提示を感動的に演出するなど工夫はたくさんありますが，ここで大切にしたいことは実生活とのつながりです。

例えば，導入では美しいと感じる人工物や自然の景色など様々な写真などを提示します。すると「わぁ，きれい！」「さわやか」というような反応をみせました。でもそれ以上の反応はありません。そこで，「きれい」ってどういうことなのか，何がきれいなのか，など，①のように導入で課題意識をもち感動教材と出会います。すると，学習を通して写真の右下のように「きれい」と感じる子どもの根拠が明らかになっていきました。「何がきれいか」ということはわからないけれど，「きれい」を感じる自分の心についてたくさん心を耕すことができます。

こうして，ホワイトボートは子どもの心の表出を支え，自分の考えを広げたり，深めたりする思考ツールの一つとして活用することができます。

（面川　怜花）

心情を表す教具を活用するスキル

POINT

❶画用紙を２色用意する
❷子どもが描く表情から心情を語る

心情を表す教具として，「心情メーター」などのように「特別につくらないといけないもの」ということを想像しがちですが，そんなことはありません。身近なものでも教具になるのです。大事なことは，教師にも子どもにも「いつも身近にあって気軽に扱える」ことです。

①画用紙を２色用意する

画用紙で２色の色カードをつくります。８つ切り画用紙を８等分した大きさのもので大丈夫です。一人２色，子ども全員に配布できるようにしましょう。色は何色でもよいですが，黒板に貼った際に見やすい色がよいでしょう。例えば，読み物教材「ありときりぎりす」では，ありときりぎりすの会話をもとに，自分がそこにいたら「あり派」か「きりぎりす派」か，立場を明らかにして話し合う際に使うことができます。視覚的にも友達がどの立場で語っているのかがわかるので，子ども同士でより対話を深めることができます。また，２色のカードを常に持っているので，迷っている場合は両方を見せてその迷いを示すこともできます。さらに友達の話を聞きながら色を変えることも可能です。そうした変化を教師がキャッチし，その子の考えを聞くことで，より子どもの心を引き出したり耕したりすることができます。板書にも活用することができます。

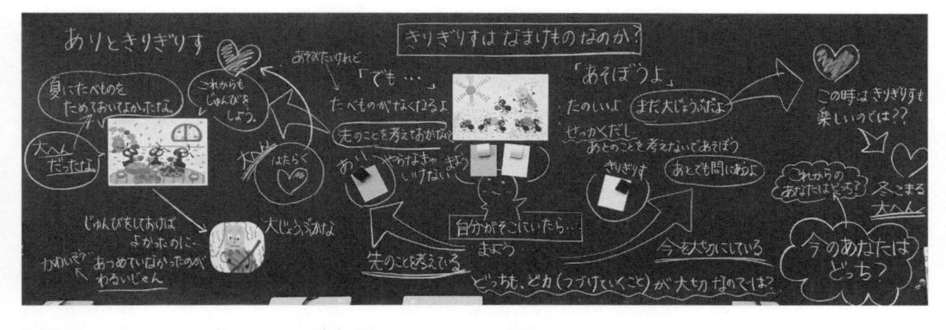

②子どもが描く表情から心情を語る

例えば「おさるさんはどんな気持ちだったんだろう」という問いに，子どもたちはいろいろな言葉でおさるさんの気持ちを語ります。ですが，必ずしも言葉で語れるものだけではありません。だから「演じてみよう」という演技を活用するのと同様に，「絵で表現してみよう」という活動でも心情を語ることができます。

その際，描いている子どもの様子にも着目しましょう。その姿から心情を読み取れることもあるからです。子ども同士が，そうした過程にも着目できるようになると，絵そのものの表情だけでなく，その背景にある心情も考えるようになります。

そうすると，子どもたちが次々と「わたしはちょっと違う」「ぼくならこうかな」「わかる。ぼくもおんなじ」など語り始めます。また，自分のノートに書き出す子もでてきます。そうした子どもの姿を大切に授業をつくっていきましょう。そうすると，子どもが主体的に考え，議論する道徳の授業が展開されていきます。

（面川　怜花）

予想外への対応

ねらいと外れた発言に対応するスキル

POINT

❶ストライクゾーンを広くもつ
❷「大事」だと認めて，また今度考えると伝える
❸もう一度テーマを確認し，切り返してみる

誰もが目指す「ねらいに迫る授業」。しかし，たった一言で授業の流れが変わるということ，ありますよね。子どもの発言をどう次につなげていくとよいのか，どう受けとめるとよいのか，3つのポイントで整理してみます。

①ストライクゾーンを広くもつ

教師はどうしても計画通りに展開しようとしてしまいがちです。ねらいという視点では悪いことではありませんが，思いが強いほど，ストライクゾーンが狭くなります。すると，「先生は何て言ってほしいのかなぁ…」と忖度する子になってしまいます。「ほかに？」と次へいってしまう前に，ねらいと本当に外れているのか，教師自身が問い直してみることが大切です。

「ん？？今の考えは，どうつながっているのかな，誰かわかる？」
と子どもたちに問い返すのも一つです。教師（大人）にはわからない「子どもたち同士で通じる言葉（子ども語）」のときもあるのです。
「きっと，言いたいことはね……」と説明してくれる子も出てきます。「その子にとっては関連している」と，前向きに発言をとらえましょう。

②「大事」だと認めて，また今度考えると伝える

「信頼，友情」の学習なのに「それって思いやりの発言だよなぁ……」というように，せっかくの子どもの道徳的な発言でも，「本時のねらいと違う」と思ってしまうことありませんか。本時のねらいは，あくまでも教師の都合です。忘れがちですが，普段のリアルな生活では，いろいろな道徳的価値が絡み合っているのです。これぞ，まさに「関連する内容項目」です。

「なるほど，そういう気持ちも確かにあるよね。その大切さは，また今度，しっかり考えよう」と発言をあくまでも尊重しましょう。本時では扱わず，次時以降に扱うこととするのです。その上で，「それで，こういう点では，どう思う？」と指導したいねらいの面からの考えを改めて問うことで，その子の考えを引き出すようにしたいものです。

③もう一度テーマを確認し，切り返してみる

本時の主題や学習のテーマは，板書していたり，教科書の冒頭に記載してあったりします。「まるで答えのようだ…」という声もあるかもしれませんが，テーマを言えることが大事なのではなく，そのテーマについて考えること，なぜ大切なのかをみんなで考えることが重要なのです。導入の方向づけとして，テーマを設定しておくことで，ねらいに戻りやすくなるでしょう。

例えば，子どもの発言を受け止め，そういうことも大事だと認めた上で，「今日のテーマは，『○○』だったよね。このテーマから考えてみると，どうかな。言えそう？」とテーマ（主題）の視点から，改めて考えてみるように促すのも一つの方法です。

（安井　政樹）

沈黙・無回答に対応するスキル

POINT

❶じっくり考えている証拠ととらえる
❷困ったときは協力プレイにする
❸素敵だと思うところを教師が紹介する

発問した後の沈黙。教師は不安になり，立て続けに発問し，しゃべり続ける。そんな光景は，誰もが目にしたことがあるでしょう。そういう状況をどうとらえ，乗り越えていくのかを考えてみましょう。

①じっくり考えている証拠ととらえる

「はい！はい！」とすぐに挙手をして答えられるような発問は，そもそも本当に発問なのでしょうか。質問なのかもしれません。自己を見つめ，多面的・多角的に「しっかり（じっくり）考えている」としたら，すぐに挙手できるのでしょうか。沈黙や無回答は，考えている証拠ととらえてみましょう。

「じっくり考えているね。難しい問題だよね」とか，「普段は考えないことだから，なかなか言葉にはできないかもね」と沈黙を受け止め，「書いて整理してみよう」と，必要感のある書く活動につなげましょう。

「すぐに答えなくちゃ！」という子どもの意識を変え，「しっかり（じっくり）考える」よさを教えることも，道徳科では大切です。沈黙を恐れず，「はい！はい！授業を卒業する」ことも，教師のスキルの一つと言えます。

②困ったときは協力プレイにする

ゲーム世代の子どもたち。１人でできない時は，協力プレイが当たり前です。言い方は別として，友達と一緒に学んだり活動したりする大切さは，普段から感じているはずです。沈黙，無回答は，１人では言葉にできないという表れ。もしかすると，協働する必要感が生まれているのかもしれません。

> 「なかなか言葉にはできないね。友達と話してみたら，考えを整理できそう？」と問いかけてみましょう。子どもたちは，だんだんと話し始めるはずです。しばらくすると，声はどんどん大きくなります。

「どう思う？」と真剣に語り合う姿は，素敵です。「友達と学ぶのは，やっぱりいいね！」と（他者とも自分とも教材とも）対話的に学ぶ良さを実感させましょう。沈黙のピンチは，協働的に学ぶチャンスなのです。

③素敵だと思うところを教師が紹介する

書く活動の後に発言させることがよくあります。子どもたちの記述を見ながら意図的に指名しても，黙ってしまうということがあります。書いて表現するのが得意な子が，声で表現するのが得意とは限らないのです。

> 「とっても良く考えているよ」と自信をもたせ，背中を押してみましょう。それでも口火を切れないときは，「素敵だと思ったところを読んでもいいかな？」と本人の意思を確認した上で，代弁するとよいでしょう。

紹介した意見について「みんなどう思った？」と問いかけ，認め賞賛する声をその子に届け，「今度は自分の声でみんなに考えを伝えられるといいね」と次につなげることも大切です。

（安井　政樹）

不適切な発言に対応するスキル

POINT

❶「本当にそう思っている？」と毅然と対応する
❷「みんなはどう？」と周りのみんなを鏡にする
❸推薦方式で，未然に防ぐ

ついついあまのじゃく的な発言をしてしまう子，思春期ならではの強がりの発言をする子，自分のキャラづくりのための発言をする子などが，不適切な発言をしてしまうことがあります。教師の価値観を押しつけてはいけないことは言うまでもありませんが，毅然とした対応をすることが求められます。答えがないと言われる道徳ですが，答えはみんなで考えるもの。「答えがない＝なんでもあり」ではないということを子どもに伝えることも大切です。

①「本当にそう思っている？」と毅然と対応する

「本当に，そう思っているの？」と，まずは問い返してみましょう。それでも，「うん！そうだよ」と曲げないこともあるでしょう。しかし，それは本心でしょうか。教師の目には，どう映っているでしょう。「先生の目には，君がそんな風に考えているとは思えないけどな」と，その子の良さを認めているというメッセージを送りましょう。

その子自身を認めながらも，「発言は認めていない」ということを毅然とした態度で示すことが大切です。

②「みんなはどう？」と周りのみんなを鏡にする

道徳科では，対話が重要視されています。単に話し合い活動があればよいという話ではありませんが，話し合い活動を通して多様な考えに触れながら自己と対話をすることは，やはり大切にしたいものです。

> 「○○さんの意見，みんなはどう思った？」と学びをコーディネートして，みんなからどう見られているのかを感じ取らせます。まるで鏡で自分の姿を見るかのように，発言を見つめなおす機会をつくりましょう。教師も一人の人間として，コメントしてもよいでしょう。ここでも，容認したわけではないという毅然とした態度が大切です。

すぐに素直になれないときもあるでしょうが，「みんなから，そんなふうに思われるのかぁ」と帰宅後の自分の部屋や就寝前のベッドの中などで思い出し，自己と対話できれば，その子にとってもよい学びの機会になるのです。

③推薦方式で，未然に防ぐ

ワークシートなどの事前情報がなく，教師が意図的な指名をできない場合，時に不適切な発言を生み出してしまうことがあります。

> １分程度でもよいので「ペア対話やグループ対話」をします。その後，「『素敵な考えだな』と思う人を紹介してくれるかな」と推薦をさせ，「ぜひ聞きたいな。教えてくれる？」とその子を指名するのです。

「素敵だ」という友達からの推薦は，不適切な発言を防ぐ効果があります。この他にも，自信をもって語れるというよさもあります。子どもを信じて，子ども同士の認め合いを教師が意図的に行うことも，重要なスキルです。

（安井　政樹）

予想外への対応

突然の涙に対応するスキル

POINT

❶涙は「ものすごく心が動いた」証拠だと考える
❷「その涙は，どんな意味？」と問い返す
❸家庭環境・経験など，子どもの実態を踏まえることを忘れない

子どもが涙を流してしまうと「どうしよう…」と教師の頭は真っ白になってしまいます。場合によっては「授業中に○○さんが泣いた」という話だけが独り歩きしてしまうのです。こうした事態に対応するスキルも，身につけておきたいものです。なお，低学年を中心に，書く活動や話し合いでの困り感，友達とのちょっとしたトラブルが涙につながるという場合もあります。こうしたときは，その状況を解決するための個別の対応が必要です。

①涙は「ものすごく心が動いた」証拠だと考える

感情が高ぶり，言葉にできないときに涙はこみ上げてきます。すごくかわいそう，すごくうれしい，前にこうしておけばよかったという悔しさなど，心の動きが大きければ大きいほど，言葉ではなく涙で語ることがあるのです。

「涙がでるほど，心がたくさん動いたんだね」と，まず，その子も見ている周りの子も安心させましょう。その上で，「なにかお話しできそう？それとも，もう少し心が落ち着くまでそっとしておいたほうがいい？」と，意思を尊重する姿勢が大切です。

②「その涙は，どんな意味？」と問い返す

「もしかしたら，こんな理由かな」と，教師はとっさになんとなく予想してしまいます。予想することは悪くありませんが，本当のところは本人にしかわからないのです。もしかすると，本人もわからないかもしれません。

> 「言葉にできないくらい，心が動いたのかもしれないね。その涙は，どんな意味なのか語れそう？」と，子どもを優しさで包み込むようにわけを聞いてみましょう。その子自身が自分の心を見つめる機会になります。うまく言えないときは，「あとで落ち着いたら，どんな意味だったのか先生と一緒に考えようね」と，そっとしておくことも優しさかもしれません。

日々の生活の中で，自己を見つめ，自分の涙のわけを言葉にできるような指導を続けることも大切になってきます。語彙が少ない子への支援として，「かなしい」「うれしい」「くやしい」など，「『ココロの言葉』の木」として掲示し，言葉を増やしていくことが，「涙を語る」「心を語る」につながります。

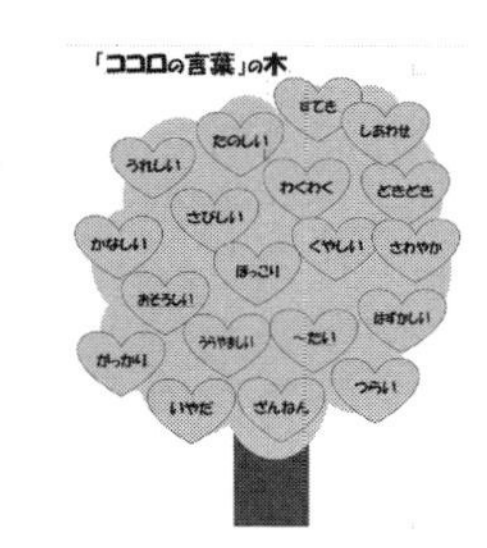

③家庭環境・経験など，子どもの実態を踏まえることを忘れない

不用意が招く涙は，学びに必要な涙でありません。こうした事態を未然に防ぐスキルも必要です。特に，「家族や親族，ペットの闘病」「離婚や再婚，死別といった家庭環境の変化」「いじめや不登校，転校などの経験」などが子どもたちの身近にあるのかどうか。授業での会話はもちろん，休み時間や給食といった時間帯の何気ないコミュニケーションも大切にしましょう。

子どもたちの生活を感じて実態をつかむことは，道徳科の学習のみならず，教師にとって重要なスキルです。

（安井　政樹）

【執筆者一覧】

永田　繁雄	東京学芸大学教授
坂本　哲彦	山口県山口市立上郷小学校校長
尾崎　正美	岡山大学教育学部附属小学校
木原　一彰	鳥取県鳥取市立世紀小学校
野村　宏行	東京都東大和市立第八小学校
幸阪　創平	東京都杉並区立浜田山小学校
有松　浩司	広島県竹原市立吉名学園
後藤　和之	宮崎大学教育学部附属小学校
杉本　　遼	東京学芸大学附属大泉小学校
遠藤　信幸	東京学芸大学附属小金井小学校
庄子　寛之	東京都調布市立多摩川小学校
幸阪　芽吹	東京都中野区立塔山小学校
尾身　浩光	新潟市総合教育センター指導主事
石本　周司	北海道旭川市立末広北小学校
面川　怜花	東京学芸大学附属世田谷小学校
安井　政樹	北海道札幌市立新琴似北小学校

【編著者紹介】
永田　繁雄（ながた　しげお）
東京都内小学校教諭を経て，東京都文京区教育委員会指導主事。
平成14年１月から文部科学省初等中等教育局教育課程課教科調査官。
その後，平成21年４月より東京学芸大学教授。
中央教育審議会道徳教育専門部会委員。
小学校学習指導要領解説　特別の教科　道徳編　作成協力者。

小学校道徳　指導スキル大全

2019年４月初版第１刷刊　©編著者　永　田　繁　雄
2019年６月初版第２刷刊　発行者　藤　原　光　政
発行所　明治図書出版株式会社
http://www.meijitosho.co.jp
（企画）茅野　現（校正）宮森由紀子
〒114-0023　東京都北区滝野川7-46-1
振替00160-5-151318　電話03(5907)6701
ご注文窓口　電話03(5907)6668

＊検印省略　組版所　中　央　美　版

Printed in Japan　ISBN978-4-18-393015-6